二战经典战役系列丛书

激战马里亚纳

白隼　编著

图文版

北方联合出版传媒(集团)股份有限公司

万卷出版公司

ⓒ 白隼 2018

图书在版编目（CIP）数据

激战马里亚纳 / 白隼编著. — 沈阳：万卷出版公
司，2018.8
　（二战经典战役系列丛书）
　ISBN 978-7-5470-5023-1

　Ⅰ. ①激… Ⅱ. ①白… Ⅲ. ①太平洋战争－海战－史
料 Ⅳ.①E195.2

　中国版本图书馆CIP数据核字（2018）第169092号

出 品 人：刘一秀
出版发行：北方联合出版传媒（集团）股份有限公司
　　　　　万卷出版公司
　　　　　（地址：沈阳市和平区十一纬路25号　邮编：110003）
印 刷 者：辽宁新华印务有限公司
经 销 者：全国新华书店
幅面尺寸：170mm×240mm
字　　数：208千字
印　　张：14.5
出版时间：2018年8月第1版
印刷时间：2018年8月第1次印刷
丛书策划：陈亚明　李文天
责任编辑：赵新楠
特约编辑：吴海兵
责任校对：张希茹
装帧设计：亓子奇
ISBN 978-7-5470-5023-1
定　　价：49.80元
联系电话：024-23284090
传　　真：024-23284448

前　言

　　1931 年 9 月 18 日，日本关东军在沈阳制造了九一八事变，日本帝国主义的魔爪开始伸向有着五千年文明的中华大地，中国最屈辱的历史从此开始。1939 年 9 月 1 日，希特勒独裁下的德国军队闪击波兰，欧洲大地不再太平，欧洲人的血泪史从此开始书写。一年后，德国、意大利、日本三个武装到牙齿的独裁国家结盟，"轴心国"三个字由此成为恐怖、邪恶、嗜血的代名词。

　　德、意、日三国结盟将侵略战争推向极致。这场战争不仅旷日持久，而且影响深远。人类自有战争以来从未有过如此大规模、大杀伤力、大破坏力的合伙野蛮入侵。"轴心国"的疯狂侵略令全世界震惊。

　　面对强悍到无以复加的德国战车，面对日本军队疯狂的武士道自杀式攻击，被侵略民族不但没有胆怯，反而挺身而出，为了民族独立，为了世界和平，他们用一腔热血抒写不屈的抵抗，用超人的智慧和钢铁意志毫不犹豫地击碎法西斯野兽的头颅。

战役是孕育名将的土壤，而名将则让这块土壤更加肥沃。这场规模空前的世界大战，在给全世界人民带来无尽灾难的同时，也造就了军事史上几十个伟大的经典战役，而这些经典战役又孕育出永载史册的伟大军事家。如果把战役比作耀眼华贵的桂冠，那么战役中涌现出的名将则是桂冠上夺目的明珠。桂冠因明珠而生辉，明珠因桂冠而增色。

鉴于此，我们编辑出版了这套《二战经典战役系列丛书》。其实，编辑出版这套丛书是我们早已有之的宏愿，从选题论证、搜集资料、确定方向到编撰成稿，历经六个春秋。最终确定下来的这20个战役可谓经典中的经典，如历史上规模最大的海战莱特湾大战，历史上规模最大的航母绝杀，历史上规模最大、最惨烈的库尔斯克坦克绞杀战……我们经过精心比对遴选出的这些战役，个个都特色鲜明，要么让人热血沸腾，要么让人拍案叫绝，要么让人扼腕叹息，抑或兼而有之。这些战役资料的整理花费了我们相当多的时间和精力，兴奋、激动、彷徨、纠结，一言难尽。个中滋味，唯有当事人晓得。

20个战役确定下来后就是内容结构的搭建问题。我们反复比对已出版的类似书籍，经过研究论证，最终形成了自己的特色。历史拐点（时间点）往往是爆发点，决定历史的走向，而在这个历史拐点上，世界上其他地方正在发生什么？相信很多人对此都会比较感兴趣。因此，我们摈弃了传统的单纯纪事本末叙述方式，采用以时间轴为主兼顾本末纪事的新颖体例。具体来说，就是在按时间叙事的同时，穿插同一时间点上其他战场在发生什么，尤其是适当地插入中国战场的情况，扩大了读者的视野。

本套丛书共20册，每册一个战役，图文并茂，具有叙事的准确性与故事的可读性，并以对话凸显人物性格和战争的激烈与残酷。每册包含几十幅精美图片，并配有极具个性的图说，以图点文，以文释图，图文相得益彰。另外，本套丛书还加入了大量的原始资料（文件、命令、讲话），并使其自然融入相关内容。这样，在可读性的基础上，这套丛书又具备了一定的史料价值，历史真实感呼之欲出，让读者朋友不由自主地产生一种穿越的幻觉。

本套丛书的宗旨是让读者朋友在轻松阅读的同时，对第二次世界大战有一个整体的认知，力求用相关人物的命令、信件、讲话帮助读者触摸真实的历史、真实的战场，真切感受浓浓的硝烟、扑鼻的血腥和二战灵魂人物举手投足间摄人心魄的魅力。

品读战役，也是在品读英雄、品读人生，更是在品读历史。战役有血雨腥风，但也呼唤人道。真正的名将是为阻止战争而战的，他们虽手持利剑，心中呼唤的却是和平。相信读者朋友在读过本套丛书后，能够对战争和名将有一个不一样的认识。

最后，谨以此书献给那些为和平、为幸福奋斗不息的人们！

目　录

第一章 打造"绝对国防圈"

与莱顿谈完话后，尼米兹立刻给南太平洋舰队及战区司令哈尔西起草了一份电报，把山本的行动日程向他做了通报，命令他把山本及其参谋人员打下来。哈尔西将这项任务交给了亨德森机场的航空兵司令米切尔。

◎ 麦克阿瑟输给尼米兹

瓜岛战役令日本陆海军协同作战首尝败绩，日本人非常不情愿地吞下了第一枚苦果。日军在太平洋的势力大大削弱，战略主动权不得不拱手让给以美军为主的同盟国军队。美国人是不会给日本人喘息之机的。就在瓜岛战役刚刚结束的 1943 年年初，盟军便展开了一系列主动出击，在把日军从新几内亚岛的巴布亚半岛驱逐后，继续从所罗门群岛、新几内亚岛两个方向对日军重要战略基地新不列颠岛的拉包尔防线发动钳形攻势。日军的拉包尔防线东起所罗门群岛的蒙达机场西至新几内亚岛的萨拉莫阿。

1943 年 3 月，美国海军部部长金明确了海军的编制，并为各舰队规定了战斗序列：在大西洋、地中海作战的美国舰队一律授予偶数番号，在太平洋作战的美国舰队一律授予奇数番号。按此规定，将太平洋的几支主要海军部队分别编为：第五舰队，即以珍珠港为基地的中太平洋海军部队；第三舰队，哈尔西指挥的南太平洋海军部队；第七舰队，即西南太平洋海军部队，由西南太平洋战区盟军总司令麦克阿瑟指挥（舰队司令始为卡彭特，后由金凯德接任）。其中，第三、第五舰队隶属于太平洋舰队，归尼米兹指挥。

切斯特·威廉·尼米兹

　　尼米兹，全名切斯特·威廉·尼米兹，美国海军将领，五星上将，1885 年 2 月 24 日生于得克萨斯州弗雷德里克斯堡一个德裔美国人家庭。尼米兹早期主要是研究潜艇，而后成为美军柴油引擎技术专家。太平洋战争爆发后，尼米兹担任了美国太平洋舰队司令、太平洋战区盟军总司令等职务，指挥对日作战。因在对日作战中的贡献而受到美国民众的热烈欢迎，新任海军部长詹姆斯·佛莱斯特将尼米兹塑造成海军的国家英雄，并将 1945 年 10 月 5 日定为"尼米兹日"。战后，尼米兹担任海军作战部长，直至 1947 年退役。美国军事历史学家艾德温·帕尔玛·霍利曾作过这样的评价："哈尔西能在一场海战中取胜，斯普鲁恩斯能在一场战役中取胜，而尼米兹能在一场战争中取胜。"

1947年12月15日，尼米兹辞去海军作战部长职务。虽然美国国会授予的五星上将军衔可使他永不退休，但他决定离开海军。1948—1956年，尼米兹担任加利福尼亚大学的校董。1949年3月21日，尼米兹被任命为联合国的克什米尔事务委员会公民投票监察长，协助调停印巴之争，由于印度和巴基斯坦关系恶化，未能进行。

　　1963年10月，尼米兹被确诊为脊髓关节炎病状，虽然手术成功，却又得了肺炎，12月出现轻微的中风与心脏衰竭。1966年1月，尼米兹离开了位于奥克兰的美国海军医院（橡树山庄），回到他的海军宿舍。2月20日，尼米兹去世，享年80岁，美国政府为其举行国葬，并照他生前意愿，葬于加利福尼亚州布鲁诺的金山国家公墓，与斯普鲁恩斯、屠纳及洛克伍德同葬一处。

　　为了纪念尼米兹，美国政府把20世纪70年代开发的第一艘核动力航空母舰命名为"尼米兹"级，该级共有10艘，是世界上最大、最先进的航空母舰。"尼米兹"级首舰就是"尼米兹号"核动力航空母舰。该级核动力航母中，只有3艘不是以美国前总统名字命名的，它们分别是"尼米兹号""卡尔·文森号"和"约翰·斯坦尼斯号"。另外，檀香山及旧金山有以他为名的"尼米兹"高速公路。

　　美军在确立击败日本的战略中，由中太平洋、西南太平洋两个方向对菲律宾发动钳形攻势争议不大，但是到底以哪个方向为进军菲律宾的主要方向，尼米兹和麦克阿瑟有着不同的考虑。

　　麦克阿瑟将考虑的一个相当完整的对日作战设想写成书面报告，递交给参谋长联席会议。他主张沿新几内亚－菲律宾棉兰老轴线进军。一旦占领或封锁拉包尔，就可横渡太平洋，取道新几内亚和菲律宾，向日本本土发动进攻，而且由他指挥的部队来实施。这一攻势主要依靠陆军来完成，海军只是从海上把地面部队运到一定地点然后在陆军飞机的掩护下实施登陆，以及担任炮击海岸目标、保护海上交通线、封锁日占岛屿、掩护进攻的陆军部队的翼侧等支援任务。

麦克阿瑟强调，他所提出的这条进攻路线的优点主要有：（1）可以利用盟军在南太平洋、西南太平洋地区已经建立的一些基地；（2）可以在澳大利亚与中太平洋的日占岛屿之间建立一道防线；（3）这是一条始终能够得到岸基航空兵支援的唯一进攻路线；（4）因这条进攻路线经过西南太平洋、西太平洋的一些面积很大的岛屿，盟军可迂回日军重兵设防的一些要地，占领其兵力薄弱的地方。

然而，海军反对麦克阿瑟的这一主张。他们认为，绕道进攻日本，是舍近求远。沿这条新几内亚－棉兰老轴线进兵，既浪费兵力，还需要建立一条漫长的交通线，而且进军速度会相当缓慢，因为每前进一步都要受到战斗机和轰炸机活动半径的限制。仅仅从一个战略方向发动进攻，日军容易判断下一步进攻意图，这样就很容易在进兵路线上集中兵力抵抗。此外，地面部队还会受到疟疾及其他热带丛林疾病的威胁，并且必须要经过日军可以相互支援的一些军事要地。这条进兵路线的翼侧、后方和交通线等也将受到盘踞在中太平洋的日军的袭击。美国海军自1898年美西战争以来，就面临一个怎样防守和收复菲律宾的问题。直接横渡中太平洋是一条最佳的进兵路线，这是美国海军早已得出的结论。

中太平洋没有面积较大的岛屿，可供争夺的目标只有数不清的小岛或者环礁。盟军从中太平洋进攻，对整个日本会构成很大威胁，将使其不得不分兵把守部署在整个太平洋地区的岛屿。当然，进攻这样一些岛屿必须在日军设防的地点登陆，不过可集中相当优势的兵力去攻占某一海岛或某一群岛。由于这些群岛之间距离遥远，守岛日军难以相互支援。一旦遭到航空母舰部队封锁，日军将无法及时增援。从中太平洋进兵，不仅气象条件较好，运输线较短，而且还能节省地面部队和舰船。如此一来，从中太平洋进兵既可切断日本本土通往南太平洋的海上交通线，又可缩短美国通往南太平洋的海上交通线，还能把战线迅速推进至日本近海，迫使日本舰队决战。另外，在中太平洋岛屿上建立航空基地可以尽早轰炸日本本土。

鉴于此，美国海军坚信参谋长联席会议会采取沿中太平洋轴线发动进攻的战略。在日美开战前后订购的22艘新型航空母舰已经开始交付使用，用如此庞大的航空母舰群支援新几内亚－棉兰老轴线作战未免太奢侈了，这些航母完全可以在浩瀚的太平洋上不断扩大势力范围。以这些航空母舰为前锋，中太平洋的海军部队即使没有岸基航空兵的支援也可对某些日占岛屿实施越岛作战，还能有效地保护己方海上交通线。

美军参谋长联席会议对各方面意见进行慎重研究后，提出了一个有利于海军的妥协方案。参谋长联席会议决定开辟中太平洋进攻轴线，并以之作为向日本进兵的主要战略方向。考虑到澳大利亚方面的意愿，加之盟军在西南太平洋的部队已在追击退却之敌，参谋长联席会议确定，为配合中太平洋的进攻，盟军继续沿着新几内亚－棉兰老轴线向前推进。

◎ 击杀山本五十六

4月3日，为鼓舞前线官兵士气，日本联合舰队司令山本五十六由特鲁克岛抵达新不列颠岛的拉包尔，亲临前线，计划于4月18日前往布干维尔岛的布因视察。山本一行的视察日程以"作战特别紧急电报"详细通知给了当地部队。

4月8日，美军太平洋舰队司令尼米兹致信海军部长金："鉴于第五十特混舰队已经得到加强，我倾向于任命斯普鲁恩斯担任特混舰队司令，并将其晋升为海军中将。"在同一封信上，他根据"他们的长处和可能性"，按顺序提出一份以麦克莫里斯将军为首的5人名单，作为接替斯普鲁恩斯工作的候选人。华盛顿方面最后的决定大出斯普鲁恩斯所料，让他去统率整个中太平洋地区的部队（即第五舰队）。

斯普鲁恩斯，全名雷蒙德·阿姆斯·斯普鲁恩斯，1886年7月3日生于美国马里兰州巴尔的摩市，祖籍德国。1903年7月，斯普鲁恩斯从印第安纳州考入海军学院，在校期间刻苦学习，成绩优秀却默默无闻。1906年9月提前毕业后赴战列舰上服役，1908年9月晋升为海军少尉。1913年，斯普鲁恩斯升任美国海军亚洲舰队所属的驱逐舰上尉舰长，一年后转往岸上任职。1916年，晋升海军少校，1918年晋升海军中校。1919年，斯普鲁恩斯出任哈尔西驱逐舰分遣舰队的"爱伦华德号"驱逐舰舰长，颇受哈尔西赏识。1921年，先后出任美国海军工程局调拨处处长和电力处处长。1924年，调任"戴尔号"驱逐舰舰长，稍后出任美国驻欧洲海军司令安德鲁斯的助理参谋长，不久又改任"奥斯本号"驱逐舰舰长。

雷蒙德·阿姆斯·斯普鲁恩斯

1926年夏，斯普鲁恩斯进入美国海军军事学院深造，毕业后赴"密西西比号"战列舰任副舰长。1931年6月，调海军军事学院负责函授课程，次年晋升为海军上校。1933年5月，出任驱逐舰护航舰队司令沃森的参谋长。1935 年 4 月,调任海军军事学院战术系主任,学员中许多人在第二次世界大战中任要职。1938 年,出任"密西西比号"战列舰舰长。1940 年 2 月,升任第十海军军区司令,同年 10 月晋升为海军少将。1941 年 6 月,斯普鲁恩斯兼任加勒比海战区司令。

1941 年 9 月,斯普鲁恩斯出任太平洋舰队第五巡洋舰分遣舰队司令,旗舰为"北安普敦号",在哈尔西麾下服役。1941 年 12 月 2 日,斯普鲁恩斯率部离开珍珠港,在哈尔西指挥下执行向威克岛运送战斗机的任务,因而免遭珍珠港劫难。1942 年 5 月,受哈尔西推荐参加中途岛战役,并在该战役中立下汗马功劳。中途岛战役后,斯普鲁恩斯于 1942 年 6 月调任太平洋舰队参谋长。他在参谋长任内晋升为海军中将,与太平洋舰队司令尼米兹同吃同住,共同探讨战争以及太平洋战区的各期作战行动,关系非常融洽。1943 年 8 月,斯普鲁恩斯出任中太平洋舰队司令,以"印第安纳波利斯号"巡洋舰为旗舰,组织指挥吉尔伯特群岛战役。1944 年 1 月 29 日,指挥登陆部队和 5 支特混舰队以两天的炮火准备发动了马绍尔群岛战役。2 月 1 日,协同行动准确而及时的美军在夸贾林岛登陆,激战 7 天而全歼守敌。夸贾林岛战役后,斯普鲁恩斯晋升为海军上将,所辖中太平洋舰队改称第五舰队。4 月 24 日,马绍尔群岛全部被攻克。其间,斯普鲁恩斯的航空母舰舰载机还对特鲁克群岛实施了毁灭性的打击。

1945 年 9 月,斯普鲁恩斯奉命指挥美国驻日本的全部海军。11 月,升任太平洋舰队司令兼太平洋战区最高司令。1946 年 3 月,出任美国海军军事学院院长,1948 年 7 月退役。1952—1955 年,出任美国驻菲律宾大使,1969 年 12 月 13 日去世。斯普鲁恩斯被称为"沉默的提督",被尼米兹称为

"上将中的上将"。美国的"斯普鲁恩斯"级驱逐舰就是为纪念他而命名的。

4月14日凌晨，美军太平洋舰队无线电分队侦听到日军有关山本行程的电报，破译后马上发给情报处处长莱顿中校。8时，莱顿急忙将电报面呈太平洋舰队司令尼米兹。电报说"联合舰队司令官将于4月18日视察巴莱尔、肖特兰和布因"，并详细地注明了抵达各地的具体时间，以及山本全天的活动日程。山本时间观念非常强，他的日程一定分秒不差。日本海军根本不知道密码早已被美军破译。

山本将在美军刚刚夺取的瓜岛亨德森机场周围480千米范围内活动，正好在美国远程战斗机作战半径内。尼米兹问莱顿："我们要不要干掉山本？"

莱顿回答："将军，山本因成功偷袭珍珠港而威名大振，他在日本人心目中是战神，他早已成为日军青年官兵心目中的英雄和偶像。除了天皇，在凝聚民心士气方面无人能及。我们要是能把他干掉，日本海军部队的士气将一蹶不振，甚至会使整个日本手足无措。"

尼米兹说："我唯一担心的是，日本人会不会找到一个更能干的舰队司令官。要是能找到的话，干掉山本岂不是给自己找了个陌生的厉害对手？这对我们来说岂不更加麻烦？"

"山本是日本海军头号人物，无人能及，"莱顿不失幽默地说，"这就如同你被日本人干掉无人能接替一样。"

"真有你的。"尼米兹潇洒地耸了一下肩膀，微笑着说。

跟莱顿谈完话后，尼米兹立刻给南太平洋舰队及战区司令哈尔西起草了一份电报，把山本的行动日程向他做了通报，命令他把山本及其参谋人员打下来。哈尔西将这项任务交给了亨德森机场的航空兵司令米切尔。

4月18日9时，日本联合舰队司令山本五十六携参谋长宇垣缠及其他参谋人员分乘两架中型轰炸机，由6架战斗机护航，自拉包尔出发飞往布因。9时43分，山本一行的座机飞临布因西海域，同早已在布因的卡西里机场西北65千米上空严阵以待的16架美军P-38型"闪电"式远程战斗机遭遇。该机作战半径925千米，升限12000多米，擅长高空截击，机头装有1门20毫米或37毫米口径航炮，4挺12.7毫米口径机枪，可在远距离开火，火力猛烈。

山本的座机被美军战斗机击落在布因北方的密林中，宇垣缠的座机被击落在海上。山本和多数参谋人员丧生，宇垣缠受了重伤。素有"太平洋之鹰"的战争狂人山本五十六带着永远完不成的梦想消失于山巅。山本死后，由副司令官近藤信竹暂代其职务。

山本五十六，1884年4月4日生于日本新潟县长冈市，是父亲高野贞吉的第六个儿子。这一年高野贞吉56岁，所以给儿子取名"高野五十六"。1901年，17岁的高野五十六以第二名的成绩考入江田岛海军学校第32期。1904年以第七名毕业后在"日进号"装甲巡洋舰上任少尉见习枪炮官，并参加了1904—1905年的日俄战争。在日俄对马海战中，他负了重伤，左手的食指、中指被炸飞，留下终身残疾。1908年，进入海军炮术学校学习，1914年，以上尉军衔进入海军大学深造，1915年晋升为少佐。

1916年，高野五十六经牧野忠笃子爵介绍，过继到旧长冈藩家老山本家，成为山本带刀的义子，从此"高野五十六"改名为"山本五十六"。同年，山本五十六毕业于日本海军大学第14期。1919年，山本五十六奉命到美国哈佛大学学习，同年12月在美国波士顿被晋升为海军中佐。1923年12月晋升大佐。1925年，山本五十六出任日本驻美国大使馆海军武官。

山本五十六

1928年，山本五十六从美国归国，先后在"五十铃号"巡洋舰、"赤城号"航空母舰上担任舰长。1929年晋升为少将，并出任海军航空部技术处长、第一航空队司令官、海军航空本部长、海军次官等职。山本在权力范围内大力发展航空母舰和舰载飞机，并组织部队进行严格训练，使日本拥有了在当时领先世界的海军飞机，对日本海军航空兵的发展起了重要作用。1934年11月，山本晋升为中将。

1939年，山本五十六出任日本联合舰队司令，坚决拥护侵略扩张政策，支持并参与了侵华战争；尽管不主张对英、美、荷开战，但是坚决执行大本营的决策。1940 年 11 月，山本被授予海军大将军衔，他强调先发制人，力主在对美开战之初以舰载航空兵袭击珍珠港，消灭美国太平洋舰队主力，确保日军进攻东南亚的翼侧安全。重视海军航空兵在海战中的作用，但未能完全摆脱"巨舰大炮制胜"理论的束缚，企图在美太平洋舰队得到加强前以海上决战的传统战法将其歼灭，结果导致日本海军在中途岛海战和瓜达尔卡纳尔岛海战中遭惨败。1943 年 4 月 18 日，在视察部队途中，其座机被美机击落而丧生，死后追授为元帅。

山本五十六身高仅 1.59 米，是日本海军中最著名的提督，号称"太平洋之鹫"，他性格十分特殊。作为一个大胆的有独特见解的战略家和赌徒，山本五十六最喜欢玩象棋、扑克和桥牌，他经常让身边的人陪他通宵打扑克，条件是谁先提出不玩就算认输。他的一位部下曾说过："赌博时，山本总爱冒险，正如他打仗一样。他有一颗赌徒的心。"

◎ 盯上马绍尔群岛

4月25日，横须贺镇守府司令官古贺峰一海军大将就任日本联合舰队司令官。古贺峰一上任之初，正是日本海军多事之秋。此时，还损失6艘航空母舰，舰载机航空兵精华所剩无几，整体实力大不如前，而对手的实力却急速增长，以美军为首的盟军反攻势头一浪高过一浪。古贺峰一的名望和才能远不如山本五十六，他只能无奈地苦苦支撑。

古贺峰一，1885年9月25日生于日本九州的佐贺县，1906年毕业于江田岛海军学校34期。1917年毕业于海军大学15期，1918年担任海军省军务局第一科科员，1920年到1922年间派驻法国。回国后，就任联合舰队参谋。1926年至1928年再度出任驻法大使馆武官。回国后，历任"青叶号"巡洋舰舰长、"伊势号"战列舰舰长、军令部第三部部长，1933年任第二部长。1935年以后，就任第七战队、训练舰队司令官等职

古贺峰一

务，1937 年担任海军军令部次长。1939 年以后，历任第二舰队、中国方面舰队、横须贺镇守府长官。1943 年山本五十六死后接任联合舰队司令官一职。在 1944 年 3 月 31 日的飞机事故中死亡，卒年 58 岁，后被追授为元帅。

　　5 月 11 日 10 时 30 分，美军第七步兵师一部在舰炮的火力支援下，从阿留申群岛西部的阿图岛北岸登陆，主力从南岸的马萨克斯湾登陆。守岛日军因受美军炮火压制，被迫撤至预备阵地。美军两支登陆部队在粉碎了日军的轻微抵抗后南北夹击，会合后继续向东追击。日军在孤立无援的情况下，凭借隐蔽火力点疯狂抵抗，美军进攻受阻。5 月底，日军退守北岸高地，遭到美军舰炮轰击，伤亡惨重。

　　5 月 21 日，即山本被炸死的 33 天后，"武藏号"超级战列舰将其骨灰运抵日本国内。当天，东京的广播电台以低沉、悲痛的语调向日本民众公布："联合舰队司令长官山本五十六海军大将，于本年 4 月 18 日在前线全盘指导作战中遇敌，在作战飞机上壮烈殉职。另派古贺峰一海军大将接任遗缺，指挥联合舰队继续作战。"在此之前，美军还不能确认他们的这次行动已经成功。

5 月 30 日拂晓，阿留申群岛的阿图岛北岸高地的残余日军 150 人突入美军阵地，被全歼。此役，美军以阵亡 600 人、伤 1200 人的代价收复阿图岛。

1943 年夏季之前，日军大本营和日本政府一直是依据 1942 年 3 月 7 日联席会议决定的《今后的战争指导大纲》来指导战争的。这一战争指导方针是在日军偷袭珍珠港、横扫东南亚之时制定的。该大纲的指导思想是继续扩大战果，采取攻势作战，迫使英国屈服，打击美军的战斗意志。然而，仅仅一年多，日本人的梦想化为泡影。日军企图扩大战果的历次攻势作战（中途岛、瓜岛以及南太平洋方面的岛屿作战）无不以失败告终。美国人在太平洋上开始反攻，其速度和规模远比日本人估计的要快得多。为应付美军的猛烈反攻，日军大本营不得不加紧研究制定新的战略对策。

6 月，美军中太平洋战区兼太平洋舰队司令尼米兹收到指令，负责制订进攻马绍尔群岛的作战计划。尼米兹考虑到马绍尔群岛自第一次世界大战后就是日本的托管地，1935 年以后更是严禁外国人进入。太平洋战争爆发后，日军加紧在该群岛建设军事基地，部署守备部队。不仅如此，该群岛位于美军岸基飞机航程外，具体情况因无法组织空中侦察而一无所知。原英国殖民地马绍尔群岛东南的吉尔伯特群岛是太平洋战争爆发后被日军占领的，加上吉尔伯特群岛距美军基地较近，美军通过多次空袭和空中侦察，对该地区情况基本了解。尼米兹觉得应该先进攻吉尔伯特群岛，然后以吉尔伯特群岛为基地，对马绍尔群岛实施空中侦察，待充分掌握马绍尔群岛情况后，再发动进攻。

美军参谋长联席会议很快便同意了尼米兹的上述建议。

6月30日，美军登上所罗门群岛的伦多瓦岛，同时在旺乌努岛和新乔治亚岛东南滩头登陆。同一天，美澳盟军在新几内亚岛萨拉莫阿东南约30千米的拿骚湾登陆，随后向萨拉莫阿发起进攻，以吸引驻莱城的日军。

7月3日，美军在所罗门群岛的蒙达机场以东10千米处海滩登陆。

7月5日，美军在所罗门群岛的莱斯湾登陆，形成对蒙达机场的夹攻态势，但由于日军的顽强抵抗和热带丛林及雨季的影响，进展缓慢。直到8月5日才攻占蒙达机场。此后，美军不断增兵清剿岛上日军，同时向邻岛扩张。

7月20日，美军决定登陆吉尔伯特群岛的两个主要岛屿和瑙鲁岛，其作战计划代号为"电流"。然而，美军中太平洋战区司令部的参谋人员们对于攻占瑙鲁岛存在分歧：一方认为日军在瑙鲁岛上建有机场，而且距塔拉瓦岛仅700千米，如果不先夺取该岛，将会对塔拉瓦岛的作战产生负面影响；另一方以尼米兹和斯普鲁恩斯为代表，他们建议改为夺取塔拉瓦岛北面的马金岛，因为马金岛面积较小，投入一个团的兵力足够。他们认为瑙鲁岛海岸陡峭，适宜登陆的滩头比较狭窄，岛上又多天然洞穴，日军利用这样的地形构筑有坚固防御工事，加上瑙鲁岛面积也不小，夺取该岛至少需要一个师，而美军兵力紧张，退一步说，即使能抽出一个师的部队，也没有足够的船只运送。在制订具体作战计划时，他们对夺取吉尔伯特群岛的塔拉瓦和阿贝马马岛没有异议，因为上述两岛都已建有机场，对于以后作战具有很大价值。美军参谋长联席会议经过慎重考虑和比较后，决定以马金岛代替瑙鲁岛。

7月20日，美军参谋长联席会议向中太平洋战区兼太平洋舰队司令尼米兹发出了进攻马绍尔群岛的指令。

马绍尔群岛位于东经 162° ～ 173° 、北纬 5° ～ 12° 之间的广阔海域，东北是威克岛和夏威夷群岛，西面是加罗林群岛和马里亚纳群岛，南面是吉尔伯特群岛。马绍尔群岛海区面积达 127.5 万平方千米，陆地面积约 190 平方千米，由 32 个环礁岛屿组成，这些环礁由西北向东南呈并列两排形状，主要环礁有夸贾林、埃尼威托克、马朱罗、米利、马洛拉普、沃特杰、贾卢伊特和比基尼。马绍尔群岛西侧的夸贾林是最大的环礁岛屿。

鉴于马绍尔群岛多达 32 个环礁，先攻占哪个环礁比较有利便成了首要问题。美军中太平洋战区兼太平洋舰队司令尼米兹及其参谋人员经过反复仔细研究，在 1943 年 8 月决定先夺取夸贾林、沃特杰和马洛拉普 3 个环礁。因为夸贾林是日军在马绍尔群岛指挥部所在地，是日军的指挥中枢，而其他两个环礁距夏威夷群岛最近，对美军的海上交通线威胁很大，必须首先予以攻占。尼米兹当即将此计划上报。

美军参谋长联席会议认为，尼米兹提交的方案所要攻击的地区过于狭小，遂批示除攻击马绍尔群岛的 3 个环礁外，还应攻占威克岛、库赛埃岛、波纳佩岛和包括特鲁克在内的加罗林群岛。尼米兹和其参谋人员均认为联席会议的这一要求好高骛远，按照美军目前的实力，根本无法实现。后来，尼米兹仍然按照 8 月份上报的方案组织有关人员制订作战计划。

◎ 两栖战之王

7月29日，守卫阿留申群岛西部岛屿基斯卡岛的日军在美军的炮击下，乘着浓雾陆续撤离该岛。

8月5日，尼米兹正式组建中太平洋部队又称美国海军第五舰队，同时任命雷蒙德·阿姆斯·斯普鲁恩斯为司令。据太平洋舰队的一位参谋官记述："将军认为现在把雷蒙德派出去是合适的，他们两人处处不谋而合。"接替斯普鲁恩斯担任太平洋舰队参谋长的是最近从阿留申群岛调来的绰号叫"歌剧幽灵"的苏克·麦克莫里斯海军少将。麦克莫里斯像斯普鲁恩斯一样，同尼米兹住在一幢宿舍里。

8月中旬，美澳盟军航空兵多次发动攻击，几乎摧毁了日军在新几内亚岛的航空兵力。

8月15日，美军绕过日军坚固设防的新乔治亚群岛的科隆邦阿拉岛，在韦拉拉韦拉岛登陆。

8月24日，美军第五舰队的第五两栖作战舰队正式建立，由特纳海军少将任司令。该舰队包括运输舰、货船、登陆舰艇以及老战列舰、巡洋舰、驱逐舰、护卫航空母舰和扫雷艇等支援舰艇。

里奇蒙德·凯利·特纳

特纳，全名里奇蒙德·凯利·特纳，美国海军上将，有"两栖战之王"之称，1885年生于俄勒冈州的波特兰市，1908年毕业于安纳波利斯的美国海军学院，在201名学员中名列第五。1910年，第一次巡航结束后，特纳被授海军少尉衔。1916年，特纳毕业于海军兵工学校。第一次世界大战中在4艘战舰上任射击军官。

1917年1月，特纳晋升海军上尉，12月晋升海军少校。1919—1922年在华盛顿海军基地任军火射击军官。1923—1924年在大西洋的战列舰上服役。1924—1925年在太平洋指挥"梅莱茵号"军舰。1927年在彭萨克拉获得飞行员资格，1928—1929年在美国亚洲舰队指挥航空中队，1929—1931年担任岸上职务任航空局计划处处长。1931—1932年，特纳出席日内瓦裁军会议。1933—1934 年在"萨拉托加号"航空母舰上任行政军官，1934—1935 年任该舰战斗运输队指挥官亨利·巴特勒将军的参谋长。

1935 年，特纳在海军军事学院进修，并晋升海军上校，毕业后留校任参谋部战略处处长，后决定回部队，不留在航空兵。1938 年，特纳任"阿斯托利亚号"巡洋舰舰长。1940 年任海军部作战、计划处处长。1941 年 1 月晋升准将。

太平洋战争爆发后，特纳任海军总司令兼海军部部长金的助理参谋长，对早期的太平洋海军计划做出了突出贡献。1942 年，特纳以少将军衔任南太平洋地区两栖作战部队司令，主持制订进攻图拉吉岛和瓜达尔卡纳尔岛的两栖作战计划。同年 8 月，率美国海军陆战队第一师在瓜岛登陆。第五舰队组建时，被任命为两栖作战舰队司令。1943 年 11 月，他率登陆舰队进攻吉尔伯特群岛。

当夸贾林岛的战斗还没有结束时，太平洋舰队司令尼米兹就给海军总司令金发电报说："鉴于里奇蒙德·凯利·特纳海军少将尽忠职守、精通战术，在南太平洋、吉尔伯特群岛以及夸贾林岛两栖作战中指挥正确，建议立即晋升为海军中将。"直到 1944 年 3 月 7 日，特纳才晋升海军中将。后多次担任海军特遣编队司令，先后参与指挥在塞班岛、硫磺岛、冲绳岛等岛屿进行的两栖登陆作战。1945 年，特纳任美军太平洋两栖作战部队司令，5 月 24 日晋升海军上将，参加了盟军在东京湾的受降仪式。后来，任美国驻联合国军事参谋部海军代表，1947 年 7 月 1 日退役。1961 年，特纳去世。

8 月 27 日，美军在新乔治亚群岛的阿伦德尔岛登陆，科隆邦阿拉岛及其他小岛上的日军陷入孤立无援的绝境。

8 月，美军参谋长联席会议将海军陆战队第二师和陆军第二十七步兵师调归斯普鲁恩斯的第五舰队，用于登陆吉尔伯特群岛作战。另外，还将两个海军陆战队守备营和 1 个陆军守备营共 7600 人调归第五舰队，准备担负被攻占岛屿的守备任务。上述地面作战部队编为第五两栖军，分别集结于夏威夷、新西兰、萨摩亚和埃利斯等地，霍兰·史密斯任军长。

为了攻克塔拉瓦岛，美军开始了战前准备工作。他们先通过在吉尔伯特群岛居住过的英国人了解塔拉瓦岛的水文、潮汐、地形等情况。

9 月 1 日，美军第五十特混舰队（航空母舰舰队）司令鲍纳尔率领 3 艘航空母舰、1 艘战列舰、2 艘巡洋舰和 10 艘驱逐舰袭击了南鸟岛，先后出动 6 个攻击波 275 架次飞机将南鸟岛上的日本飞机全部摧毁，破坏了岛上的机场跑道，烧毁了岛上日军储存的 400 桶航空汽油。此战，美军仅损失 4 架飞机。

9 月 4 日，澳大利亚第九师在新几内亚岛的莱城以东登陆。

9 月 5 日，美国空降兵夺取莱城西北的纳扎布机场，澳军第七师随即降落，形成东西夹击莱城之势。

9 月中旬，日军先后放弃萨拉莫阿和莱城，向北撤退。

◎ 绝对国防圈

9 月 15 日，日军大本营根据当前的敌情，反复研究各种利弊得失，全面分析了陆海军的作战能力，决定改变过去的攻势作战方针，将攻势作战变为守势作战。大本营认为，以往付出巨大牺牲而保持下来的连接新几内亚东部、所罗门群岛北部和马绍尔群岛的重要地区，在美军反攻浪潮的冲击下，其东南方面即将崩溃，以拉包尔为中心的西南方面也日趋削弱，并将进一步导致马绍尔、吉尔伯特方面的弱化。在这些地区，因双方力量悬殊，日军今后即使再投入新的兵力，也于事无补。鉴于此，大本营决定从这些与盟军拼消耗的地区摆脱出来，退守加罗林群岛、马里亚纳群岛的所谓"绝对国防圈"，抓紧时间建立新的战略态势。

由于战略方针的根本性转变，日军在吉尔伯特、马绍尔、所罗门、新几内亚东部的 30 多万部队将不得不作为"绝对国防圈"之外的前哨兵力而陷入孤军苦战的境地。陆军方面为此提出放弃新几内亚东部以加强"绝对国防圈"的主张，却遭到海军方面的强烈反对。海军部认为，失去所罗门中部和新几内亚东部就无法守住拉包尔，继而会威胁到联合舰队大本营特鲁克的安全，如此整个太平洋将失去控制。

为把战略调整的设想付诸实施，日军大本营和日本政府认为：必须动员和集中国家全部力量，大力生产钢铁、特殊钢、铝等原材料，以充实陆海军军备，增加船只的建造数量，增加征用船舶；军队则要形成以飞机为中心的陆海军决战力量，调整部署，向新防卫线增派陆海军兵力。

9月19日，美军第五十特混舰队司令鲍纳尔率部返回珍珠港后，又率领第五十特混舰队第一大队的3艘航空母舰、2艘战列舰和6艘驱逐舰在岸基航空兵的B-24式重型轰炸机协同下，对吉尔伯特群岛的塔拉瓦岛和马金岛进行了空袭，击毁日军9架攻击机和2架水上飞机，迫使日军只在马金岛留下4架水上飞机，将其余飞机全部撤走。

日军在抗击美军空袭中消耗了大量弹药，造成补给困难，这是美军空袭的额外收获。此外，在空袭中，美军飞机还对塔拉瓦岛和马金岛进行了系统的航空拍摄，取得了大量有价值的照片，为制订登陆计划提供了可靠的资料。

9月25日，美军"舡鱼号"潜艇从珍珠港出发抵达吉尔伯特群岛。美军利用潜望镜上安装的照相机对塔拉瓦岛、马金岛和阿贝马马岛进行了照相侦察，将3个岛屿的海岸线完整拍摄下来，并实地勘查了接近岛屿的航道，修正了旧海图上的错误。通过航空侦察，美军发现日军塔拉瓦岛的防御重点在堡礁外侧，决定派遣舰队直接驶入礁湖，然后从堡礁内侧实施登陆。

然而，塔拉瓦岛上无规则的潮汐、遍地的珊瑚是实施登陆的最大困难，因为登陆艇只能在大潮时靠岸。直到1944年春季，塔拉瓦岛上的潮汐都出现在夜间或黄昏，而美军夜间登陆无法得到舰炮和飞机支援，黄昏登陆又没有足够时间在夜幕降临前巩固滩头。若等到1944年春季，日军的防御将更加坚固，登陆时的伤亡会无形中增大。

尼米兹最后决定，将原定在1943年11月19日登陆推迟到20日早晨小潮时刻登陆。由于不知道小潮高峰的确切时间，尼米兹于是将登陆时间定在8点30分。

美军还是第一次征服像塔拉瓦岛这样复杂水文条件和坚固设防的岛屿，尽管在瓜达尔卡纳尔群岛和所罗门群岛取得了不少实战经验，但在装备和训练等方面还存在着极大的缺陷。美军没有登陆战专用的指挥舰，只能用旧战列舰"马里兰号"凑数。登陆作战时，美军能越过珊瑚礁，并将人员物资送上岸的装备只有履带登陆车，即1VT两栖登陆车。其中，1VT-1两栖车不仅数量少，而且装甲薄，速度慢，又没有武器。1VT-2两栖车性能虽比1VT-1有所提高，但数量更少，驾驶员还没完全掌握操纵技术。单兵使用的肩负式电台，体积大，还不防水，难以适应艰巨的登陆作战。登陆艇没安装火箭炮，无法在登陆艇突击抢滩时提供不间断的火力支援。

另外，美国海军没有进行过舰炮摧毁点状目标精确射击训练。舰载机飞行员缺乏对地攻击训练，只进行过攻击军舰的训练，地面作战部队中的海军陆战队第二师虽然在瓜岛战役中表现不凡，但在新西兰长达7个月的休整中，主要进行的是丛林战训练，并没有进行过岛屿两栖登陆训练。陆军第二十七步兵师更是着重于陆军的常规训练，没有与海军陆战队的战术相融合。不仅如此，参战部队集结地区北起夏威夷，南到新西兰，距离遥远，没有举行过全程协同演练，无论地面部队中的陆军和海军陆战队，还是陆、海、空三军的协同都不够默契。

9月27日，美军参谋长联席会议正式下达命令，吉尔伯特群岛战役以塔拉瓦岛、阿贝马马岛和马金岛为作战目标。首先占领距离吉尔伯特群岛约1260千米的富纳富提岛，并在该岛修建机场和舰船停泊场。他们早就开始有计划地进行前进基地建设，从萨摩亚群岛出发，沿图瓦卢群岛向吉尔伯特群岛逐步推进。

9月30日，日本天皇裕仁召开御前会议，研究将来的战略方针。会议由首相兼陆军大臣东条英机主持。会议通过了以确立新的战略态势、建立"绝对国防圈"为中心课题的《今后应当采取的战争指导大纲》。

大纲的基本方针：帝国以在今明两年内决定战局大势为目标，粉碎美英盟军的反攻企图，迅速确立必胜的战略态势，同时急速增强决战力量，特别是航空兵力，主动实施对盟军的战争。

大纲明确提出了"绝对国防圈"的地理范围，即"帝国在遂行战争上，把在太平洋及印度洋方面应绝对确保的重要地区（千岛群岛、小笠原群岛、内南洋中西部及新几内亚群岛西部、巽他、缅甸）作为防卫圈"。同时，"在整个战争中，始终确保这一防卫圈内的海上交通"。日本把其占领下的马里亚纳群岛、马绍尔群岛、加罗林群岛和帕劳群岛等称为内南洋，把菲律宾、苏拉威西、婆罗洲和苏门答腊等地域称为外南洋。

日本的"绝对国防圈"以马里亚纳群岛为核心，全防线长达6400多千米。日本之前采取的是攻势战略，把大量兵力投入前方作战，仅用极少的警备部队守卫这一区域，因此该防线的防御力量非常薄弱。如今，日本决心守住这条防线，就必须增派兵力。这样做不仅是为了保证把从荷属东印度群岛攫取的石油源源不断地运回日本本土，更是为建立一道防线抵御盟军对日本本土的进攻。

日军准备"在主要岛屿上建立航空基地，一旦盟军进攻，便可及时集中岸基航空兵和航空母舰机动兵力，迅速迎击并予以歼灭"，在保存并加强决战兵力（航空兵力）的同时，加强防御线上的防御工事。根据加强"绝对国防圈"的决定，日军大本营将加派 5 个师前往马里亚纳、新几内亚西部和巽他等地。

◎ 围猎吉尔伯特群岛

10 月 2 日，澳军第九师占领日本盘踞的新几内亚岛芬什港。

10 月 5 日、6 日，美军第五十特混舰队第三大队和第四大队由第三大队司令蒙哥马利统一指挥，连续两天攻击威克岛，先后组织了 6 次攻击波，出动飞机 738 架次。海军编队中的战列舰和巡洋舰对威克岛进行了炮击，并消灭了威克岛上绝大部分日本飞机，摧毁了威克岛上日军机场的大部分设施。日军从马绍尔群岛抽调飞机增援。日军联合舰队司令古贺峰一再次率领舰队前往马绍尔群岛。美军见势不妙，迅速撤走。

10 月 9 日，美军将新乔治亚群岛上的日军全部驱除，完全占领该群岛。与此同时，美军开始空袭日军驻守的拉包尔、布干维尔岛。

同一天，在美军太平洋舰队司令部的一次会议上，放映了进攻马尔库斯和威克岛的影片。太平洋舰队司令尼米兹将军和他的参谋人员对航空母舰部队能打击敌人又能保护自己印象深刻。航空母舰上的航空兵指挥官和航空母舰部队在指挥飞机和军舰方面表现了高超的技术。

10月25日，美军参谋长联席会议决定把反攻塞班岛的时间定在1944年7月，在占领塞班岛之后于10月1日建成B-29式轰炸机基地。对此，日军大本营竟然毫无察觉。

11月1日，美军在所罗门群岛的布干维尔岛西岸奥古斯塔皇后湾登陆并粉碎了日军的抵抗，至黄昏前登陆1.4万人，并建立了滩头阵地。与此同时，美国联合远征军南部登陆编队从新西兰惠灵顿启航，但绝大多数人都不知道目的地。

同一天，日本驻拉包尔的海军出动轻、重巡洋舰各2艘，驱逐舰6艘驶抵托罗基纳附近海域，企图攻击美国登陆部队并实施反登陆。美国海军第三十九特混舰队前往截击，双方展开激战。美国海军击沉日本海军轻巡洋舰、驱逐舰各1艘，被击沉驱逐舰1艘。至12月2日，日军相继实施6次航空兵突击，非但收效甚微，反而损失惨重，逐渐丧失了布干维尔岛附近制海、制空权，岛上守军陷入孤立无援的境地。

美军扩大战果，在岛上修建机场，使所罗门群岛的布干维尔岛成为美军在西南太平洋的重要基地，实现了战役目的。残余日军困守布干维尔岛南部据点，缺粮少弹。美军围而不打，任其自生自灭。

11月2日，因南太平洋美军即将发起布干维尔岛登陆作战，美军深感兵力不足，向中太平洋战区求助。太平洋舰队司令尼米兹命令正在海上的第五十特混舰队第三、第四大队前去配合作战。该部随即改为第三十八特混舰队，暂归南太平洋海军司令哈尔西指挥。哈尔西命令第三十八特混舰队空袭布喀岛。

11 月 5 日，美军第三十八特混舰队进行海上补给后，在岸基航空兵全力协同下，袭击了日军。在南太平洋最重要的海空基地——拉包尔，美军采取以岸基航空兵掩护航空母舰舰队，航空母舰舰载机全力执行突击的战术，击沉日军 1 艘驱逐舰，击伤 7 艘巡洋舰和 5 艘驱逐舰。

日军联合舰队的舰载机和岸基飞机共同出击，结果 35 架飞机被击落。由于舰载机损失惨重，日军不得不将其航空母舰部队撤回本土，以补充飞机和飞行员。这样的形势大大有利于美军即将开始的吉尔伯特群岛作战，因为日军的水面舰艇部队失去航空母舰部队的空中掩护就无法远离岸基航空兵的航程半径活动，无形之中使吉尔伯特群岛的日军失去了海空支援。

美军快速航空母舰舰队积极活动的目的在于：除了压制日军在各岛屿的航空力量进行战前航空侦察外，还通过这些行动积累飞行员的实战经验，因为很多舰员和舰载机飞机员都是新手。随着大量航空母舰建成服役，美军此举既削弱了日军的力量，又锻炼了部队，可谓一举两得。日本联合舰队被美军这一系列行动所迷惑，多次出动却毫无收获。

11 月 10 日，美国联合远征军北部登陆编队从珍珠港出发，驶往吉尔伯特群岛。美军第五十特混舰队第一大队、第二大队也于同日离开珍珠港向吉尔伯特群岛进发。

11 月 13 日，美国联合远征军南部登陆编队从埃法特岛出发，前往吉尔伯特群岛，再次进行登陆演习。直到此时，美军官兵才知道作战的目标是塔拉瓦岛，但大多数人对该岛一无所知。

11 月 14 日，美军临时转归南太平洋的第五十特混舰队第三、第四大队（即新组建的第三十八特混舰队）在圣埃斯皮里图岛进行补给后，先后出发北上归建参战。与此同时，为了压制日军航空兵，保障登陆舰队安全航渡，第五十七特混舰队及岸基航空兵部队对吉尔伯特群岛和马绍尔群岛的日军机场连续空袭了7天。

11月16日，美国联合远征军南部登陆编队到达富纳富提岛，加油补给后继续向塔拉瓦岛出发。

11月18日，美军第五十特混舰队的4个大队陆续到达吉尔伯特群岛附近海域。第一大队在吉尔伯特群岛北面，负责拦截日军从马绍尔群岛南下的海空支援部队；第二大队在吉尔伯特群岛马金岛附近，负责夺取马金岛地区的制空权；第三大队在吉尔伯特群岛塔拉瓦岛附近，负责夺取塔拉瓦岛地区的制空权；第四大队在吉尔伯特群岛西面，负责阻截日军从瑙鲁岛的海空支援。

11月18日，美军"舡鱼号"潜艇到达塔拉瓦岛海域，将阿贝马马岛的天气、海浪以及近日美军火力攻击的效果和日军的动态向南部登陆编队司令希尔作了报告。希尔计划先以"舡鱼号"潜艇搭载海军陆战队一个分队对阿贝马马岛展开侦察，等占领马金岛和塔拉瓦岛之后，再组织兵力登陆。

11月19日，美军第五十特混舰队的舰载机大举出动，对马绍尔群岛、吉尔伯特群岛和瑙鲁岛进行了全面的航空火力打击。

19日15时，美国联合远征军南部登陆编队到达塔拉瓦岛东南海域。司令官希尔举行了随军记者招待会。他声称，要把塔拉瓦岛从地图上抹掉，言下之意登陆部队遇到的抵抗将会非常小。因为他对自己的舰炮和舰载机的火力非常有信心，说登陆将会像度假的游客漫步海滩一样轻松。日落前，南部登陆编队所有军舰在塔拉瓦岛东南海域集合完毕，随即向登陆地域进发。

这一天，美军"魟鱼号"潜艇在航行中遭遇己方"林哥德号"驱逐舰误击。一发127毫米炮弹穿过指挥台的基座将吸气阀击毁。幸运的是炮弹没有爆炸，所以没有造成太大损失。艇长迅速组织抢修，将炮弹取下，修复了吸气阀，继续向目的地前进。

第二章　惨烈的夺岛战

尼米兹亲临塔拉瓦岛视察，并为有功将士颁发勋章。这位身经百战的将军感慨地说："我从未见到过如此惨烈的战场！"尼米兹看到大量的死尸还来不及掩埋，空气中弥漫着尸体的恶臭。

◎ 没有成效的猛烈炮击

　　11 月 20 日凌晨，美军中太平洋舰队（第五舰队）北部突击部队（第二十七步兵师一部）约 6400 人和南部突击部队（第二陆战师）约 1.8 万人在舰炮和航空火力支援下，分别在吉尔伯特群岛的马金岛和塔拉瓦岛发起登陆战役。

　　20 日 4 时，美军登陆塔拉瓦岛的各登陆运输舰开始放下小型登陆工具。1 个小时后，"马里兰号"战列舰弹射舰载校射飞机。虽然"米德号"驱逐舰施放烟幕进行掩护，但弹射起飞的火光还是被日军发现了。日军立即用海岸炮发起攻击。希尔下令反击。美军 3 艘战列舰、4 艘巡洋舰和 9 艘驱逐舰的主炮一齐吼叫起来。猛烈的炮火将小小的比托岛变成一片火海。不过，日军的海岸炮还在不断射击，而且越来越准。希尔只得调整阵位，以便进行反炮火射击。

　　20 日 5 时 40 分，美军登陆马金岛的舰炮支援大队的战列舰正弹射校射飞机，6艘满载登陆部队的运输舰到达距离马金岛西海岸5000米处的海域，开始组织部队换乘登陆艇和1VT两栖登陆车。

马金岛位于吉尔伯特群岛的最北端，由10个岛礁组成，其中布塔里塔里岛是最大的岛礁。马金岛形状像一个长柄铁锤，锤头部分长约5.6丁米，锤柄部分长约17.7千米，锤柄筑有东西两道横穿岛礁的防坦克暗壕，把锤柄分割为东、中、西三部分，其中夹在防坦克暗壕中间的地段长2742米，宽366米。马金岛是日军防御工事集中的主要地区，在岛上建有宽30米、长75米的水上飞机滑行道作为水上飞机基地，还建有码头等舰船停泊设施。日本守军共约690人，其中工程兵340人，航空地勤人员110人，战斗部队仅240人，配备有6门81毫米火炮、3门75毫米高射炮、6门37毫米野炮。日军在马金岛防御比塔拉瓦岛薄弱。美军虽然知道马金岛不是日军防守的重点，但比较重视马金岛反登陆作战。美国人的这次登陆作战由第五两栖舰队司令特纳亲自指挥。特纳考虑到马金岛距离马绍尔群岛最近，距米利岛仅350千米，距贾卢伊特岛也只有460千米，想使美军海上支援登陆的军舰尽快地撤离。担负登陆作战任务的是美军第二十七步兵师的第一六五团和第一〇五团一个营，约6400人。与日本守军相比，美军占有9：1的绝对优势。可是，特纳仍不相信美国陆军的战斗力，又调来海军陆战队第二师一个团作为预备队。

5点45分，美军塔拉瓦岛登陆部队的舰载机并没按计划准时飞来。由于旗舰"马里兰号"战列舰的通信设备在进行两次主炮齐射后失灵，所以美国联合远征军南部登陆编队司令希尔无法询问和催促航空火力支援大队。

6点15分，美军从3艘航空母舰上起飞的舰载机终于到达。可是，舰载机对地攻击只进行短短 7 分钟便匆匆结束。因为比托岛上已浓烟滚滚，烈火熊熊——美军进行舰炮射击时使用的都是爆破弹，将岛上炸得尘土飞扬。飞行员根本看不清地面目标，加上舰炮火力相当密集，在这种情况下进行低空精确攻击非常危险。

美军舰炮火力攻击持续了两个多小时，共发射 3000 多发炮弹。小小的比托岛几乎每平方米承受了一吨炮弹，一切被火光吞没。在猛烈的炮火轰击下，岛上似乎不可能有生物存活。然而，美国人大大高估了炮击效果，日军大多数工事特别是火炮掩体都深埋在地下，只有大口径火炮使用延时引信炮弹才能将其摧毁。美军缺乏对岸上点状目标射击的经验，速度太快，以致炮弹爆炸的烟幕遮掩了目标，看上去烈焰滚滚，却没有什么实际效果。如此大规模火力攻击的唯一成效就是将日军的通信线路全部炸断，中断其指挥部与各部队之间的联系。

美军实施舰炮攻击的同时，"追踪号"和"必需号"扫雷舰清扫并标示出了安全进入礁湖的航道，引导"林哥德号"和"达希尔号"驱逐舰驶入礁湖实施近距离射击。"阿希兰号"船坞登陆舰也跟着驶入塔拉瓦岛礁湖。

6 时 19 分，美国联合远征军南部登陆编队司令希尔见日军海岸炮仍在射击，对进入礁湖的船坞登陆舰构成了极大威胁，于是命令登陆舰退到日军海岸炮射程外待命。海军陆战队第二师前 3 批登陆部队由新型的 1VT-2 两栖车组成，分别为 48 辆、24 辆和 21 辆，并于 7 时 07 分完成换乘，1VT-2 两栖车必须先到达距出发线 6400 米处的集合区整顿队形后，再以 6 分钟的间隔向 5500 米外的代号为"红一""红二"和"红三"的三个滩头发起冲击。其中，登陆总指挥是陆战二团团长肖普。在"红一"滩头登陆的是陆战二团第三营，营长是金特尔；"红二"滩头登陆的是陆战二团第二营，营长是艾米；"红三"滩头登陆的是陆战八团第二营，营长是劳克。

由于负责标示航道的"追踪号"扫雷舰在作业时与日军海岸炮发生了交火，所以标定出的航道稍稍偏西，这样就加大了1VT-2两栖登陆车到达集合区的距离。1VT-2两栖车驾驶员都是新手，对两栖车的性能还不能熟练掌握，因此两栖车的行驶速度比预定计划要慢很多。加上当时礁湖里正刮着强劲的西风，1VT-2两栖车的行动就变得更加困难。直到8时25分，两栖车比计划整整晚了40分钟才到达会合点。希尔眼看无法按计划于8点30分登陆，便将登陆时间从8点30分推迟到8时45分，之后又再推迟到9时。

20日6时20分，美军舰载机飞临马金岛上空，直接发动攻击。6时40分，美军4艘战列舰、4艘巡洋舰和6艘驱逐舰组成的舰炮火力支援大队开始炮火轰击。美军猛烈的炮击一直持续到8时24分。马金岛完全被硝烟和烈火包围，日军毫无还手之力。

◎ 冲杀，拼死冲杀

8时13分，美军32辆1VT两栖登陆车组成的第一拨登陆部队排成一排，全速驶离出发点，沿着扫雷艇布设的浮标向海滩疾进。同时，美军舰载机对海滩上的日军阵地进行猛烈的低空扫射，以掩护登陆部队抢滩。

8时35分，美军舰炮向塔拉瓦岛纵深延伸射击，之后又重新轰击海滩。

8时32分，美军第一拨登陆部队到达马金岛西海岸代号"红滩"的登陆滩头。美军舰载机随即转而攻击日军的纵深防御工事，停止了对海滩日军阵地的扫射。随后，第二、第三拨登陆部队相继到达，依次上陆，有两辆坦克随之上岸为步兵提供支援。第二十七步兵师师属炮兵也在西海岸南部的乌基安冈角登陆，随即为部队提供炮火支援。日军在西海岸的防御非常薄弱，美军很快便控制了登陆场。其实，这里的美军只是佯攻，目的是将日军从主要防御区域吸引过来。

8点55分，美军登陆塔拉瓦岛部队的舰炮再次向纵深延伸射击，而此时

1VT-2两栖车仍在礁湖的风浪中苦苦挣扎。一架观察联络飞机发现两栖车无法在9时突击抢滩，便向旗舰"马里兰号"战列舰报告。可是"马里兰号"战列舰没收到这一重要报告，原来是通信设备已经失灵了，致使一切仍在按照9时登陆的计划实施。

20日9时，美军舰载机飞临塔拉瓦岛滩头，实施航空火力掩护。地面上烟雾弥漫，美军飞行员无法看清目标，对地攻击效果极差，日军很多工事安然无恙。当美军飞机结束攻击撤离时，舰炮火力已向纵深延伸，滩头上出现了长达23分钟的火力间歇。

日军趁这个机会，从隐蔽部进入防御工事，做好了阻击美军登陆部队的准备。结果，美军1VT-2两栖车在接近滩头时遭到了日军的迎头痛击。美军大多数两栖车中弹，失去机动能力，只有少数得以上岸。海滩上到处是燃烧的两栖车和死伤的士兵，鲜血染红了海水。

美军运载的登陆兵由前3批登陆的两栖车返回接运到浅水区，然后迎着日军的枪林弹雨通过700米齐胸深的浅水区才能登陆上岸，其艰难程度可想而知。由于前三次登陆的两栖车所剩不多，大部分人还滞留在珊瑚礁上。运载火炮的登陆艇无法卸载，只能后撤，等待涨潮。陆战二团团长肖普在海滩上四处寻找能用的电台，与后方取得联系。他原来是海军陆战队第二师的作战科长，一星期前刚刚接替演习中受伤的原二团团长。由于他参与了制订塔拉瓦岛的登陆计划，对塔拉瓦岛的地形、防御等情况非常熟悉，这对于陆战第二团算是不幸中的万幸。

10时左右，美军1艘扫雷舰、1艘坦克登陆舰、1艘船坞登陆舰和1艘登陆兵运输舰在两艘驱逐舰掩护下，缓缓驶入马金岛礁湖，准备在礁湖的内侧登陆。在两艘驱逐舰的舰炮火力掩护下，他们在礁湖水域完成了换乘。他们以1VT两栖车为第一部队，装有坦克的机械化登陆艇为第二部队，人员车辆登陆艇为第三部队，在舰炮和舰载机火力支援下，分批次向海滩冲去。登陆部队接近海滩时，遭到日军轻武器的密集射击。美军以1VT两栖车上的机枪反击，舰炮和舰载机也全力轰击，很快就压制住了日军的火力。

10点30分，美军第二陆战师第二陆战团团长肖普终于找到了一部可用的电台，立即命令团预备队第一营从"红一"滩上岸。他与南部登陆编队司令希尔以及第二陆战师师长史密斯取得联系已经是中午以后的事了。他立即报告了严峻的形势，请求立即支援。此时，登陆的美军仅占领了纵深数米的滩头，且伤亡超过20%。

通过观察飞机，希尔早已知道海滩上情况不妙，接到肖普的报告更是大为震惊，一面命令舰炮继续猛烈射击，为海滩上的部队提供炮火掩护，一面投入师预备队，同时向第五两栖作战舰队司令特纳报告，请求调总预备队增援。满载后续部队和重武器的登陆艇大部分被卡在珊瑚礁上动弹不得，其余的只好在珊瑚礁外水域等待涨潮。海滩上的部队死伤无数，被日军的火力压得无法前进，所剩无几的两栖车来回奔波，运上补给，撤下伤员。此时，塔拉瓦岛登陆战几乎已经到了失败边缘。关键时刻，美军第二陆战师顶了上去，尽管伤亡惨重，建制被打乱，指挥员死伤大半，但是下级军官、士兵主动组织起来，拼死冲杀。

在"红三"滩头，霍金斯率领34名战士用炸药包、刺刀、铁锹一步一步向前推进了300米，占领滩头东侧的一段长堤，终于拿下了一块可以发挥炮兵火力的地方。炮兵立即将75毫米榴弹炮拆开，再把一个个部件运上滩头组装起来，然后为部队提供炮火支援。霍金斯战死，为表彰他的英勇战绩，后来美军将比托岛的机场命名为霍金斯机场。肖普将团指挥部设在一个刚夺取的日军防空洞里。他深知连接"红二"滩和"红三"滩之间栈桥的重要性，接连组织了 5 次攻击，终于在 32 架舰载机的支援下，夺取了栈桥。

美国海军和空军竭尽全力为登陆部队提供支援。4 艘驱逐舰始终停在礁湖里，随时根据登陆的召唤进行舰炮支援。航空母舰上的舰载机不时出动，提供空中火力支援，在日落之前先后进行了 32 次攻击，其中规模最大的一次出动 80 架次飞机。

10 时 45 分，美军第一马金岛登陆部队顺利抢滩上陆。第二、第三登陆部队因登陆工具的缘故而无法通过遍布珊瑚的浅水区。运载的部队只好在距离海滩 270 米处下船，在齐腰深的海水中涉水上岸。整个登陆虽遭到日军抵抗，不过美军仅有 1 人阵亡。

美军原本预计一旦西海岸佯攻开始，日军必会调动主力前去迎击。这样就可与随后在北海岸登陆的主攻部队形成夹击之势，消灭离开防御工事的日军主力。没想到，日军不为所动，将主力龟缩在两道防坦克暗壕之间的防御地带，致使美军的计划落空。不过，美军已在两个方向登陆成功，仍可以迅速向纵深推进，分割日军防御，尽快占领全岛。

在马金岛上，日军建有大量的机枪火力点和永备发射点，结果美军在推进过程中遭到了顽强抵抗。由于美军舰炮精度不高，无法有效地摧毁日军的地下掩体。坦克是摧毁日军的地下掩体的唯一办法。然而，美军的坦克手不愿接受步兵指挥官指挥，只肯接受远在其他地方的指挥官指挥。第二十七师第一六五步兵团团长只好亲自和坦克兵商量，不料被日军狙击手打死。这样一来，地面部队失去了指挥，进攻就更难了。

◎ 自杀式冲锋

20日13时，在塔拉瓦岛附近的南部登陆编队司令希尔向第五两栖舰队司令特纳报告："红二号、红三号滩头登陆成功。红一号滩头立足未稳，师后备队的一个登陆小队正在增援，敌军仍在顽强抵抗。"这么早就使用后备队，说明情况严重。半小时后，希尔向特纳转发了朱利安·史密斯将军请求调用军后备队的电报，电报最后使用了"成败未卜"几个不祥的字眼。特纳很快予以批准。

希尔的电报令太平洋舰队司令部大吃一惊。参谋人员回想到威克岛在沦陷给日军前，岛上司令官发出的最后第二份电报上也曾用过"成败未卜"这个词。尼米兹对此深感不安，静静地坐着，脸上没有什么表情。过了很长时间，他才轻声地说："我已经把所有兵力运去了，不算少了，可我不知道为什么没有打好。"

黄昏时分，除了1艘巡洋舰和3艘驱逐舰外，美军其余舰艇都退出了礁湖。整个夜晚，马金岛上的美军不断遭到日军的渗透袭扰，整夜不得安宁。

与此同时，美军有 5000 人登陆塔拉瓦岛，但伤亡也超过了 1500 人。他们在海滩西部占领了正面 140 米、纵深 450 米的登陆场，东部则控制了正面 600 米、纵深 270 米的滩头，不过情况依然很危急。美军第二陆战师第二陆战团团长肖普只得命令就地构筑工事，一半人警戒，一半人休息。

入夜时分，美国人经过一天血战已经筋疲力竭，弹药、饮水所剩无几。此时，日军一旦发动大规模反击，后果将不堪设想。所幸，日军只发动了一些小规模袭击和侵扰，均被美军轻易击退。原来，美军猛烈的炮火轰击虽然没有摧毁日军深埋在地下的工事，却将其通信系统彻底破坏。加上天黑后，美军不间断地扰乱射击，使日军无法恢复通信，因而日军第四舰队第三巡防区司令柴崎惠次无法组织大规模反击。

20 日 19 时，美军第五两栖舰队司令特纳向第五舰队司令斯普鲁恩斯报告了马金岛当天的情况："进展顺利。红、黄滩头登陆部队已经会合。我军已占领约半个布塔里塔里岛。东边仍有抵抗……伤亡轻微。"事实上，进展并非全都顺利。尼米兹曾经指示两栖作战部队要"进得去，出得来"。鉴于进攻部队在兵力上处于优势，他曾期待一天之内把这个小小的布塔里塔里岛拿下来，以便把舰队撤到安全海域。

午夜时分，美军"魟鱼号"潜艇到达阿贝马马岛以南肯纳岛海域。它放下 6 艘马达驱动的橡皮艇，运送 68 名陆战队员和携带轻武器与携带 15 天补给品的 10 名工兵上岛侦察。

11 月 21 日，美军在马金岛的战斗毫无起色。由于敌我双方战线混杂，空中支援也没什么成效。"企业号"航空母舰的舰载机投下的炸弹就有一次落在美军自己头上，造成了 3 人死亡，多人受伤，使得美军推进速度更为缓慢。即使第五两栖军军长史霍兰·史密斯来到第二十七步兵师师部亲自督战，仍然无济于事。

同一天，美军塔拉瓦岛登陆部队全力向前推进，扩大登陆场。午后，期盼已久的高潮终于来了。重武器和坦克在"红一"滩和"红三"滩上岸。总预备队的陆战六团两个营在比托岛西侧新开辟的登陆点代号为"绿滩"的海滩登陆，并消灭了日军对美军军舰威胁最大的 203 毫米海岸炮。美军的巡洋舰、驱逐舰驶入礁湖。在岸上火力控制组的指挥下，他们以越来越准确和猛烈的炮火掩护地面部队推进。陆战六团的另一个营则占领了比托岛以东的拜里仓岛礁，并在该岛设立了 105 毫米火炮阵地，以猛烈的炮火支援着比托岛上的战斗。

至此，美军终于扭转了登陆初期的不利，开始占据上风。然而，日军仍然在负隅顽抗，战斗的惨烈程度难以用语言来形容。在如此激烈的鏖战中，美军第二陆战师充分体现了精锐之师的风采。很多时候，士兵们都是自己组成战斗小组，用火焰喷射器和炸药包一个一个地解决日军火力点，其勇敢顽强的精神可歌可泣。日落前，美军部队推进至比托岛南岸。

日军在美军猛烈的火力下死伤惨重，隐蔽部和工事里到处是尸体和伤员，日军第四舰队第三巡防区司令柴崎惠次被迫将指挥部所在坑道改为临时救护所。他率领指挥部成员向附近坑道转移时被美军炮火击毙。

傍晚时分，美军第二陆战师参谋长埃德森来到岛上，统一指挥岛上所有部队，肖普指挥陆战二团作战。日军方面，因柴崎惠次阵亡，他们失去了统一的指挥，当晚没发动大规模反击，使岛上的美军度过了一个相对平静的夜晚。

这一天，美军陆战队员从肯纳岛西部登陆，先向东再向北展开侦察搜索。

11月22日，马金岛上的美军开始步步进逼，所占领地区逐渐扩大。入夜，日军发动了大规模自杀式冲锋。他们先点燃爆竹，以吸引美军的注意力，再驱赶当地土著人在前面充当挡箭牌，冲向美军阵地。混战中，日军死50多人，美军死3人，伤25人。日军的反击被彻底粉碎。日军第一次也是最后一次有组织的反击结束。

同一天，美军以滩头为基点，陆战八团一营向西，陆战二团三营和陆战六团三营向东，对塔拉瓦岛的残余日军实施夹击。陆战八团二营和三营则向中部的机场发动突击。至此，塔拉瓦岛的胜负已成定局，但日军仍然在继续抵抗。美军在栈桥东侧三角形阵地遭到的抵抗尤为激烈。

美军炮火对该阵地实施了3个小时的连续轰击，但步兵冲锋时仍遭到了日军的疯狂扫射。最终，美军以机枪和迫击炮掩护两辆装甲推土机将日军坑道彻底推倒才结束了战斗。日军拼死反抗虽然给美军造成了巨大的伤亡，但在美军顽强攻击和猛烈的炮火打击下，日军弹尽粮绝，很多士兵体力和精神达到极限，不少人因无法忍受这样的痛苦而自杀。黄昏时分，美军第二陆战师师长史密斯上岛，在滩头设立师指挥所。

这一天，登陆肯纳岛的美军发现日军兵力薄弱，在潜艇炮火支援下发起了攻击，遭到了日军的拼死抵抗，双方相持不下。经4天战斗，美军才全歼守敌，美军仅阵亡1人。

11月23日凌晨，被压缩在比托岛东部狭长地带的日军残部连续发动了3次大规模的自杀性冲锋。这种冲锋尽管对战局已毫无作用，却给美军造成了巨大的心理恐慌。

23 日 5 时，日军的自杀性冲锋终告平息。中午过后，美军突破了日军的最后阵地，将守军全部歼灭。第五舰队司令斯普鲁恩斯向太平洋舰队司令尼米兹报告，日军在布塔里塔里岛和贝梯沃岛上的抵抗已全部停止。尼米兹和里查森立即给前线各部队发报："祝贺胜利完成任务！"

美军第二陆战师师长史密斯于 13 时 12 分宣布占领比托岛。美军官兵从隐蔽处走了出来，大家欢呼胜利，然而比托岛实在太小了，根本无法容纳第二陆战师的全部人员。此战，日军守备部队 4000 多人中，除 146 人被俘外，其余全部战死，被俘人员中 129 人是朝鲜籍工程兵。美军 1013 人失踪、阵亡，2072 人受伤，其中海军陆战队 984 人战死，2001 人受伤。

与此同时，美军第二十七步兵师占领马金岛。

11 月 24 日凌晨，美军"科利斯姆湾号"护航航空母舰在马金岛海域被日军的"伊－175 号"潜艇击沉，包括航空火力支援大队大队长马林·尼克斯在内约 650 名舰员阵亡。

美军在马金岛登陆战中，地面部队阵亡 64 人，伤 152 人，伤亡并不大，但在兵力占绝对优势且没遇到日军激烈抵抗的情况下，仍然打了 3 天。另外，美军水面部队死 757 人、伤 171 人，大大超过了日军。日军在马金岛守军阵亡 585 人，被俘 105 人，被俘人员中有 104 人是朝鲜籍工程兵，只有 1 人属于战斗部队。

马金岛争夺战中，美军的表现拙劣，主要体现在指挥不力，战术失当。由于参战的第二十七步兵师长期担任守备任务，此次为该师首次参加实战，仍然按照一战时的战术，在炮火掩护下逐步推进，一旦遭遇阻击就停滞不前，直到炮火将阻击之敌彻底压制。美军虽具有 9：1 的绝对优势，却没能够一举将日军歼灭，反而先是畏手畏脚，以至于坐失良机，足足花了3天才将日军防守薄弱的马金岛占领，与塔拉瓦岛的海军陆战队相比简直天壤之别。

同一天，美军以巨大代价攻占比托岛后，又占领了比托岛东面的埃塔岛。29日，美军又在阿布里基岛登陆，消灭了岛上160名日军，并占领了该岛。

至此，美军完全控制了塔拉瓦全部的岛礁。美军第五两栖军军长霍兰·史密斯登上比托岛后，面对岛上的残垣断壁，这位久经战阵的将军大为震惊："我想象不出他们是如何攻占这个岛屿的，这是我见过的防御最完备的岛屿。"

◎ 下一个目标——马里亚纳

11 月 26 日，美国陆战队第二师六团第三营被送上吉尔伯特群岛的阿贝马马岛，开始担负守备任务。

11 月 27 日，美军第二陆战师工程兵部队登上阿贝马马岛修建码头和机场，以便尽快为下一步进攻马绍尔群岛建立航空兵前进基地。

同一天，美军太平洋舰队司令尼米兹亲临塔拉瓦岛视察，并为有功将士颁发勋章。这位身经百战的将军感慨地说："我从未见到过如此惨烈的战场！"尼米兹看到大量的死尸还来不及掩埋，空气中弥漫着尸体的恶臭。这场血战的惨烈程度不亚于第一次世界大战中有着"绞肉机"之称的凡尔登战役，很多日军的工事还没被猛烈的炮火摧毁。尼米兹命令太平洋舰队立即组织有关人员前来研究分析，从中总结经验教训。

3 天后，美军第五两栖舰队司令特纳向太平洋舰队司令尼米兹提交了一份报告《塔拉瓦的教训》。特纳在报告中陈述了如下经验：（1）对于坚固设防的岛屿，仅凭几小时的海空火力攻击是远远不够的；（2）有条件的话，应先夺取附近小岛，配置地面火炮，进行炮火支援；（3）对于有珊瑚障碍的岛屿，必须准备足够数量的两栖登陆车或吃水较浅的登陆艇；（4）登陆部队在抢滩上陆的时候，海军必须实施抵近射击，以进行有效的火力掩护，为保障作战指挥的顺利实施必须要建造专用的登陆指挥舰。

马里亚纳登陆战的海滩

美军中太平洋战区和太平洋舰队根据尼米兹的指示，在夏威夷的卡胡拉瓦岛完全按照比托岛的情形修建了完备的防御工事，然后组织军舰进行射击，终于发现要摧毁这样坚固的工事只有慢速精确射击，并发射大口径延时引信炮弹才能奏效。

美军在塔拉瓦岛战役中伤亡巨大，致使太平洋舰队遭受很多批评。然而，塔拉瓦岛战役美军获取的经验，对于以后的登陆战有着极其重要的价值和意义。正如尼米兹所说，即使不在塔拉瓦岛取得上述经验，也不免要用同样的甚至更大的代价在其他地方去获取。塔拉瓦岛战斗被美国海军战史学家莫里逊称为"胜利的摇篮"。

当尼米兹的部队攻占吉尔伯特群岛后，下一步攻击目标毫无疑问就是马绍尔群岛。其实，在美军战略进攻计划中，原来准备第一步就夺取马绍尔群岛，只因为对马绍尔群岛的日军布防情况不了解，而且缺乏进攻的海空基地，于是才改为以吉尔伯特群岛作为第一攻击目标。吉尔伯特群岛被美军占领后，就成为美军进攻马绍尔群岛理想的海空基地。这样一来，进攻马绍尔群岛就提上了议事日程。

11月，英美盟军参谋长联席会议向美军太平洋舰队和中太平洋战区下达了进攻马里亚纳的指令，命令他们为B-29重型轰炸机修建空军基地，为进攻日本本土扫清障碍。

12月14日，美军太平洋舰队司令尼米兹召开作战会议。尼米兹在会上征求第五舰队司令和陆军将军的意见。

"雷蒙德，"尼米兹问，"你是怎么考虑的？"

"先打外围岛屿。"第五舰队司令斯普鲁恩斯说。

"凯利，你呢？"

"先打外围岛屿。"第五两栖舰队司令特纳说。

"霍兰，你的意思呢？"

"先打外围岛屿。"第五两栖军军长史密斯说。

尼米兹问了在场的每一个将军，大家都建议先打外围岛屿沃特杰和马洛伊拉普。征求意见后，会场上出现短暂的沉默。尼米兹轻声说："各位将军，我们的下一个目标还是夸贾林岛。"

会议暂时休会，特纳和斯普鲁恩斯留下又争论了一番。特纳坚持他的意见，他认为直接进攻夸贾林岛是冒险和鲁莽的行为。他大喊大叫，争了又争。等两人不再争论后，尼米兹温和地说："情况就是这样，如果你们不想干，防卫区就另外找人干。你们到底愿意不愿意干？"

特纳起先皱着眉头，过了一会儿眉开眼笑地说："愿意，当然愿意。"

最后，卡尔·穆尔将军提出一个大家都能接受的方案：在进攻夸贾林岛的同时，占领日军防御力量薄弱的马绍尔群岛中的马朱罗岛。这个珊瑚岛有一个环礁湖可用作锚地。附近的岛上还有修建机场的空地，还在夸贾林的支援范围内。

12月23日，尼米兹召集托尔斯将军、麦克莫里斯将军和谢尔曼将军开会，讨论快速航空母舰舰队（第五十八特混舰队）指挥部的问题。托尔斯建议更积极地使用航空母舰，他提出调西海岸舰队航空兵司令米切尔海军少将接替波纳尔。谢尔曼支持托尔斯的建议，并指出米切尔曾在第一艘航空母舰"兰格里号"上工作过，有海军航空兵的工作经验。

在尼米兹的建议下，麦克莫里斯试探了斯普鲁恩斯对这次调动的看法。斯普鲁恩斯反对这次调动。他只是模糊地了解航空母舰编队指挥的一些细节，所以没有发现波纳尔在执行"电击行动"计划中有什么错误。另一方面，他对米切尔在中途岛海战中的表现印象不佳，当时米切尔指挥"大黄蜂号"没有取得显著战绩。尼米兹对米切尔的工作作了全面衡量，决定不再同斯普鲁恩斯商量，马上把他调到珍珠港来工作。

12 月 27 日，美军太平洋舰队司令部早上碰头会结束后，司令官尼米兹将波纳尔将军同斯普鲁恩斯将军、托尔斯将军、麦克莫里斯将军、谢尔曼将军和太平洋舰队副司令约翰·H. 牛顿留下。尼米兹用一种既和蔼又严肃的口气对波纳尔说，他的部属批评他过于谨小慎微。尼米兹说，他对袭击夸贾林岛的结果不满意，并指出，在航空母舰的行动中，为了给敌人最大限度的杀伤，一个指挥官应事先预计到不可避免的损失。波纳尔显然感到非常尴尬，始终不发一言。尼米兹转而提到斯普鲁恩斯在"电击行动"中还表扬过他，这才使气氛逐渐缓和下来。波纳尔试图为他仓促撤离夸贾林岛辩护，但没有什么效果。

1943 年底，盟军由中太平洋和西南太平洋两路进兵的方针终于确定下来，并得到美英盟军参谋长联席会议、美国总统罗斯福、英国首相丘吉尔的认可。根据这个方针，麦克阿瑟将军指挥西南太平洋盟军部队沿新几内亚岛北部海岸前进，从棉兰老岛进入菲律宾；尼米兹将军指挥的中太平洋部队，即第五舰队，经由吉尔伯特岛、马绍尔群岛、特鲁克岛进攻加罗林群岛和马里亚纳群岛南部的塞班岛、提尼安岛和关岛。假如进攻马绍尔群岛及袭击特鲁克岛证明航空母舰部队能够支援并完成这些战斗任务，那么第五舰队将越过加罗林群岛，从马绍尔群岛直接向 1000 海里外的马里亚纳群岛挺进。

美国海军总司令金希望盟军攻占马里亚纳群岛，其主要目的：一是为了封锁日军向南方运输物资和补充兵员的航线，二是为了取得供 B-29"超级堡垒"战略轰炸机直接轰炸东京的起飞基地。然而，太平洋战场上的盟军前线指挥官却对这一方针持有不同的意见。麦克阿瑟不反对攻占吉尔伯特群岛和马绍尔群岛，但他坚决反对进一步以中太平洋为主要轴线发动进攻。他认为，如果没有岸基航空兵的支援，就向日本本土推近，人员、舰艇和飞机将会遭到巨大损失，甚至会导致失败。此时的尼米兹受进攻塔拉瓦环礁美军伤亡惨重的影响，对进攻轴线也有新的考虑。

◎ 战前大争权

　　1944 年 1 月 3 日，美国海军总司令金、太平洋舰队司令尼米兹和南太平洋舰队司令哈尔西在旧金山开会。会议的主要议题是解决太平洋舰队司令部的指挥问题，其中包括海军部副部长福雷斯特尔主张由航空兵军官，特别是托尔斯将军，在太平洋海区行使更大权力的问题。就太平洋舰队而言，则难于安排，因为许多海军航空兵军官已经占据了高级职位，几乎享有航空兵的全部管辖权。过去没有在海上指挥过扫雷艇以上舰艇的军官，现在都在等候调到大舰上或远洋特混舰队上去。

　　金和尼米兹决定任命托尔斯将军为太平洋舰队兼太平洋战区副司令。这样，托尔斯将军将接替牛顿将军，牛顿将军则调到南太平洋舰队担任哈尔西的副司令。内定波纳尔将军接替托尔斯，任太平洋舰队航空兵司令。由于托尔斯把作战任务带到了他的新工作岗位，波纳尔的新职仅负责行政和后勤工作。米切尔将军接替波纳尔到航空母舰部队工作，但只被任命为一个航空母舰分队的高级指挥官，暂时负责指挥快速航空母舰特混舰队。如果他在马绍尔群岛战役中完不成任务，就可能跟全面指挥工作不沾边。因为米切尔只指挥过航空母舰单舰作战，所以波纳尔在马绍尔群岛战役中就当上了斯普鲁恩斯的航空兵顾问。

在这场新的争权角逐中，表面上每个人的职务都有提升。实际上，波纳尔只得了一个虚职，没有接管前任的全部权力。至于迫不及待要指挥航空母舰的托尔斯将军，不仅是海军航空兵的主要代表，还是太平洋舰队兼太平洋海区司令部的第二把手。

金和尼米兹确立了这样的原则：太平洋舰队所有没有当过航空兵的主官必须任命航空兵军官担任参谋长或第二把手；由航空兵军官担任主官的，必须由舰艇部队军官担任第二把手。根据这一原则，米切尔必须配备一名舰队军官做他的参谋长。马里亚纳群岛战役后，斯普鲁恩斯也不得不物色一个航空兵军官来接替他勤奋工作的朋友和助手卡尔·穆尔。

职权问题解决后，会议开始讨论作战问题。哈尔西建议，在麦克阿瑟向西进攻阿德默勒尔蒂群岛时，他的部队将拿下拉包尔以东的格林群岛，然后进攻西北方的埃米劳岛。盟军通过这几次进攻战，将全面包围拉包尔和附近的日军基地卡维恩，只需通过空袭就可把这两个基地摧毁和陷于瘫痪，根本不用攻占它们。

尼米兹认为，太平洋舰队无需派出快速航空母舰支援哈尔西。他将派第五舰队司令斯普鲁恩斯率快速航空母舰和新战列舰袭击特鲁克岛，消灭日军联合舰队或迫使其出来应战，并使特鲁克岛像拉包尔和卡维恩一样，对日军失去作用。金很赞赏这一策略，他说，潜艇应当驻泊在特鲁克岛外海，准备在日舰遭到航空母舰攻击而逃窜时，及时发动鱼雷攻击。

金在会上一如既往地强调西太平洋的关键是马里亚纳群岛。日军正是通过或沿着这些岛屿，把物资、弹药和飞机运到加罗林群岛，再从加罗林群岛运到马绍尔群岛、俾斯麦群岛和新几内亚。美国夺取马里亚纳的主要岛屿后，在岛上建立潜艇和航空兵基地后，就能切断加罗林群岛和其他岛屿的物资供应。陆军航空兵希望得到马里亚纳群岛中塞班岛、提尼安岛和关岛的基地，以便使新的远程 B-29 重型轰炸机可以袭击日本本土。金认为，这些目标没有切断日军南路交通线重要。他指出，整个战役的另一个部分是向中国沿海挺进，利用中国的人力和可用的基地轰炸日本，以至最后进攻日本。在挺进中，美军将占领吕宋或中国台湾，以便封锁日军北路交通线，阻止日军从东印度群岛把石油和原料运到日本本土。

1 月中旬，美军中太平洋战区兼太平洋舰队司令尼米兹下达了登陆马绍尔群岛的作战命令。作战命令规定马绍尔群岛战役分四步进行：第 1 步，占领马朱罗岛，以取得前进补给基地和航空基地；第 2 步，夺取夸贾林岛；第 3 步，攻取埃尼威托克环礁；第 4 步，夺取马绍尔群岛中除米利、沃特杰、马洛拉普和贾卢伊特 4 个环礁以外的其余环礁岛屿，同时封锁上述 4 个环礁，但围而不攻。马绍尔群岛战役的代号为"银行日息"，后改为"燧发枪"。

尼米兹之所以坚持先打夸贾林是有原因的。一方面，根据马绍尔群岛在日军整体战略防御中所处的地位，他判定日本联合舰队不会前来迎战，可以放手夺取夸贾林；另一方面，美军已经从塔拉瓦登陆战中吸取了丰富的经验教训，在装备和训练上又大大提高，他相信以现在的实力完全可以迅速攻占夸贾林，达到战役目的。

正如尼米兹所料，日军联合舰队在整个战役期间根本没有出海迎战，而美军却在装备上和训练上做了充分的准备。罗斯福及其统帅部看到因为两栖履带车数量不足而导致部队蒙受了巨大伤亡，便同意了海军的请求，下令优先生产两栖登陆车，并将月产量提高到 500 辆。到 1944 年 6 月，月产量更是达到了 1000 辆。不仅如此，新型的 1VT 两栖车的性能也大为提高，彻底克服了履带容易脱落的问题。1VT-2A1 型为火力支援型，安装有一门 37 毫米火炮和一挺 7.62 毫米机枪；1VT-2A2 型为人员运输型，装甲厚度达 6 毫米，能为车上人员提供可靠的防护，并且加装了 12.7 毫米和 7.62 毫米机枪各一挺。美军还在所有登陆舰和部分登陆艇上安装多管火箭炮，改装成火力支援舰艇，以便在突击抢滩过程中提供不间断的火力支援。

美国海军为登陆战量身定做的两艘专用指挥舰"落基山号"和"阿巴拉齐亚山号"已建成服役，还有两艘 4 万吨级的新型快速战列舰"依阿华号"和"新泽西号"也加入了太平洋舰队，这样太平洋舰队的实力便得到了大大提高。另外，新型单兵电台也已研制成功，并开始在部队使用。这种电台体积小重量轻，同时具有防水性能，非常适合登陆部队使用。海军航空兵的工程师对"复仇者"式鱼雷机进行了改装，使其能携带对地攻击的 1000 千克重磅炸弹和集束炸弹给"海盗"式战斗机和"恶妇"式战斗机安装火箭发射器，大大提高了对地攻击的能力。

美国太平洋舰队在夏威夷群岛的卡胡拉韦岛上完全按照日军在塔拉瓦的防御体系复制了防御工事，并组织军舰和飞机进行火力轰击。结果，他们发现只有相距在 3000～5000 米时，使用大口径的舰炮发射延时引信穿甲弹，进行排炮俯射才能将其摧毁，且射击速度要慢，要有间隔和节奏。据此，美国海军担负舰炮支援的舰艇进行了精确对岸炮击的强化训练，大大提高了舰炮射击的精度。海军航空兵飞行员们进行了对地攻击的强化训练，尤其是"无畏"式俯冲轰炸机飞行员，更是专门进行了以250千克或500千克穿甲弹对点状地面目标的精确攻击专项训练。

为此，美军投入地面部队8.4万人，用于攻击的部队共两个整师和两个团，约5.3万人，攻占岛屿后担负守备任务的部队约3.1万人。为确保绝对优势，迅速占领马绍尔群岛，美国人还动用了370余艘舰艇，其中12艘航空母舰、8艘护航航空母舰、15艘战列舰、21艘巡洋舰、92艘驱逐舰和100余艘登陆舰艇，1400余架飞机，其中舰载机930余架。

尼米兹坐镇珍珠港，负责马绍尔群岛战役的全面调度，第五舰队司令斯普鲁恩斯担任海上战役总指挥，地面部队由第五两栖舰队司令特纳指挥，所有参战兵力分为5个部分。

第1部分：第五十一特混舰队，又称"共用进攻部队"，辖9个特混大队，共计2艘护航航空母舰（47架舰载机）、1艘重巡洋舰、1艘驱逐舰和18艘护卫舰、5艘扫雷舰、48艘登陆舰艇，负责运送海军陆战队第四师第二十二团和陆军第二十七步兵师第一〇六团共两个加强团的兵力，除一个营负责占领马朱罗环礁外，其余部队均为总预备队，随时准备加入登陆夸贾林作战。共用进攻部队由第五两栖部队副司令希尔指挥。

第2部分：第五十二特混舰队，又称"南部登陆编队"，辖7个特混大队，共计3艘护航航空母舰、4艘战列舰、4艘巡洋舰、21艘驱逐舰、9艘扫雷舰、59艘登陆舰船，负责运送查尔斯·科利特任师长的陆军第七步兵师，担负攻占以夸贾林岛为主的环礁南部岛礁。南部登陆编队由第五两栖舰队司令特纳指挥。

第 3 部分：第五十三特混舰队，又称"北部登陆编队"，辖 7 个特混大队，共计 3 艘护航航空母舰（96 架舰载机）、4 艘战列舰、5 艘巡洋舰、22 艘驱逐舰、13 艘扫雷舰、62 艘登陆舰船，负责运送哈里·施密特任师长的第四陆战师，担负攻占以罗伊岛－那慕尔岛为主的环礁北部岛礁。北部登陆编队由里查德·康诺利指挥。

第 4 部分：第五十七特混舰队，又称"岸基航空兵部队"，分为突击大队和搜索大队，共有 470 余架飞机，主要负责战前侦察和航空火力攻击，并支援、协同第五十八特混舰队夺取战区制空权。岸基航空兵部队由约翰·胡佛指挥。

第 5 部分：第五十八特混舰队，又称"快速航空母舰舰队"，辖 4 个特混大队，共计 12 艘航空母舰（710 余架舰载机）、8 艘战列舰、6 艘巡洋舰、36 艘驱逐舰，负责消灭日军在马绍尔群岛的航空力量，并对日军在马绍尔群岛其他岛屿实施海空封锁，随时准备迎击来犯的日军联合舰队。快速航空母舰舰队由马克·米切尔指挥。

尼米兹手下能征善战的将领都领受了任务，唯独第五两栖军军长霍兰·史密斯没接到任务，为此他非常生气。负责制订作战计划的第五舰队参谋长麦克·莫里斯对史密斯质问的答复是："登陆部队两个师的作战地区相距很远，无法组织协同，而且都有各自的师长亲自指挥，所以无需再多一层军长指挥。"为了平息史密斯的怒火，第五舰队司令斯普鲁恩斯特意将他安排在特纳的旗舰"落基山号"上，共同指挥作战。

美国陆军和海军之间的矛盾由来已久。陆军第七步兵师师长科利特对于海军陆战队一贯盛气凌人地指责陆军战斗力差这一现象非常不满。他认为自己对登陆战还是有些研究的，完全可以胜任，公然宣称如果史密斯要是上岛干预指挥，就把他扣押起来。原来在吉尔伯特群岛登陆战中，史密斯曾上岛干预第二十七步兵师的指挥。在整个马绍尔群岛战役期间，史密斯果然没有上岛。

　　美军因运输船只不足及准备工作尚未就绪，原计划于 1944 年 1 月 1 日发起战役，却先后两次推迟，最后确定 1 月 31 日为登陆日，并规定第五十七和第五十八特混舰队于 1 月 29 日开始实施航空火力攻击。

第三章 最满意的战斗

天亮后，米切尔对日军机场、储油库和弹药库等军事设施又连续进行了 3 次攻击。由于日军飞机在过去一天的空战中损失殆尽，防空火力亦损失惨重，美军飞机如入无人之境，从容选择目标实施攻击。

◎ 打哪儿，有争议

1月13日，美军中太平洋战区兼太平洋舰队司令尼米兹根据盟军参谋长联席会议下达的进攻马里亚纳的指令，制定了具体的进攻方案。该方案分3个阶段：第一阶段，攻占塞班岛和提尼安岛；第二阶段，夺取关岛；第三阶段，肃清其他岛上的日军。

1月22日，美军第五十八特混舰队经过7周休整，终于从珍珠港启航驶往马绍尔海域。第五十二特混舰队（南部登陆舰队）也于当天从珍珠港启航驶往马绍尔海域。

1月23日，美军第五十一特混舰队从珍珠港启航驶往马绍尔作战海域。

1月27日，为了沟通双方意见，在尼米兹的提议下，太平洋舰队兼中太平洋战区代表团（尼米兹亲自率领）和西南太平洋战区代表团（由麦克阿瑟的参谋长萨瑟兰率领）在珍珠港举行会谈，商讨与日军的作战问题。

西南太平洋战区盟军参谋长萨瑟兰和他的代表团提出了经新几内亚和菲

律宾一路进兵的方针。尼米兹和他的代表团，除参谋长麦克莫里斯少将外，也倾向于这一方针。尼米兹表示将向华盛顿提出以新几内亚－棉兰老岛轴线为唯一进兵路线的建议，并派作战计划处长谢尔曼和萨瑟兰一起前往华盛顿汇报会议的情况。

然而，太平洋前线指挥官们的这一建议却遭到美国海军总司令金的强烈反对，他不同意绕过马里亚纳群岛。金在给尼米兹的信中，对太平洋陆海军的珍珠港战略协调会议提出了严厉的批评。他在信中说："参加珍珠港会议的许多军官，特别是托尔斯（太平洋舰队海军航空兵司令）和他的备忘录都谈到攻占马里亚纳的目的是为了给 B-29 轰炸机轰炸日本本土提供条件，对这种说法与会者并没有提出反对。当然，那绝不是目的，是战斗带来的一个结果。"

尼米兹其实在收到金的来信前，他的看法即发生了变化，开始重新考虑以中太平洋为轴线的作战计划。就在珍珠港战略协调会议结束不久，海军在马绍尔群岛的进攻战中仅以轻微的损失便取得了全面胜利。参加此次作战而一举成名的康诺利海军少将说："马绍尔群岛之战真正敲碎了日本的外壳。这一仗在他们的外层防线上打开了一个相当大的缺口，足以立即加以利用，这使他们来不及加强贯穿整个马里亚纳群岛的内层防线。"

尼米兹当时考虑的并不是进攻马里亚纳群岛，而是进攻特鲁克岛。他认为，绕过日军联合舰队的主要驻泊地特鲁克岛，使其继续控制在日军手里是危险的，可以对特鲁克岛围而不打。这样一种态势可以抵消日军对珍珠港的偷袭所带来的锐气，并将鼓舞美军士气，灭日军威风。尼米兹的想法仍然让金不高兴，因为金早就想取消进攻特鲁克的计划。他决定请尼米兹回华盛顿，同参谋长联席会议商讨下一步的作战计划。

1月29日，美军第五十八特混舰队在米切尔的率领下抵达马绍尔群岛海域，并于当天对日军发起空中打击。米切尔麾下的4个大队分别对夸贾林、罗伊岛－那慕尔岛、沃特杰、马洛拉普4个岛礁的日军机场发动攻击，岸基航空兵同时对米利和贾卢伊特发动攻击。

经过一天猛烈的攻击，美军全歼夸贾林、罗伊岛－那慕尔岛、沃特杰、马洛拉普4个岛礁的绝大多数日军飞机，并破坏了机场的设施。当晚，美军又以水面舰艇对埃尼威托克机场进行了炮击，以压制那里的日军航空兵。

1月30日，美军第五十八特混舰队以舰载机和舰炮对夸贾林和罗伊岛－那慕尔岛的防御工事进行了重点打击。

第五十一特混舰队抵达马绍尔海域，按照原计划该舰队一分为二，运载总预备队陆战二十二团的第一特混大队由卢米斯指挥，在夸贾林附近的海域待命。第五十一舰队司令希尔率领运载步兵第一〇六团的第二特混大队向马朱罗航行。由于美军通过空中侦察发现马朱罗岛上有可供三四百人居住的营房，为了彻底查清实际情况，希尔先派出了一支侦察分队。这支部队就是第五两栖军直属侦察连，连长是琼斯。在吉尔伯特群岛战役中，该部侦察阿贝马马岛时主动果断地根据实际情况发起总攻，并一举夺取该岛，名声大噪。

第五十一特混舰队侦察分队在夜色的掩护下，先搭乘"凯恩号"快速运输舰驶近海滩，再换乘橡皮艇登上马朱罗环礁东南的乌利加岛和达拉普岛。结果，他们发现岛上并没有日军，只有当地的土著人。土著人由于长期受到日军的残暴统治，早已心怀不满，因而对美军表现出欢迎态度，并竭尽所能提供各种帮助。侦察分队搜索了全岛，俘虏了3名留守日军，并通过审讯战俘，了解到日军大部分守备部队已经撤走。侦察分队队长琼斯立即与舰队司令希尔联系，但通信设备出现了故障，一时无法联系上。

30日深夜，美军第五十二特混舰队抵达马绍尔群岛海域。指挥官特纳认为，如果从东面向礁湖一侧海滩登陆夸贾林岛，将会遭遇北、西两边日军的交叉火力；如果从濒临大海的海滩登陆，不仅日军防御比较严密，遇到的阻力较大，而且拍岸浪大，不适合登陆。除此之外，夸贾林岛北端非常狭窄，部队无法展开，最后只剩下夸贾林岛西端。那里海滩宽度约730米，地形还算平坦，基本符合登陆条件，而且美军军舰可以从礁湖和海上两个方向实施舰炮火力支援。如果再在邻近的埃努布基岛配置地面火炮，火力支援绝对有保障。基于这些因素，特纳最终决定在夸贾林岛西端登陆。

美军第五十二特混舰队所属部队开始对夸贾林岛东北的埃贝耶岛进行海空火力攻击。攻击持续了5天，累计倾泻了700余吨炮弹和炸弹，大大削弱了日本守军的力量和防御体系。

◎ 越打越聪明

1月31日凌晨，运载第七步兵师侦察连的第五十二特混舰队的"奥弗顿号"快速运输舰和"曼利号"快速运输舰驶抵夸贾林岛西北的吉亚岛附近海域。在格里特指挥下，侦察连换乘橡皮艇登上吉亚昂，击毙岛上日军22人，俘虏4人，占领该岛。随后，他们按预定计划应该登上吉亚岛西北的宁尼岛，以控制两岛之间的吉亚水道。然而，侦察分队弄错了方向，登上了宁尼岛西北的盖赫岛。直到占领盖赫岛后，他们才发现不对，只好重新登上宁尼岛，将其占领。在夺取这3个岛屿的战斗中，美军共击毙日军125人，俘虏21人，自身仅1人受伤，1人阵亡，顺利完成了控制吉亚水道的任务。

与此同时，运载第七师第十七团的6艘运输舰驶抵吉亚水道以西海域，与各运载17辆履带两栖登陆车的4艘坦克登陆舰会合。第十七团的第一、第二营随即换乘到坦克登陆舰上，准备攻占夸贾林岛西北的恩尼贝根岛和埃努布基岛。

同一天凌晨，美军第五十三特混舰队（北部登陆舰队）抵达夸贾林环礁海域，按照预定计划夺取了罗伊岛附近的小岛。

5时30分，第五十三特混舰队第四陆战师侦察连和陆战二十五团第一营开始换乘。由于舰队所在海域风高浪急，且第四陆战师在以往训练中换乘的都是小型登陆艇而不是现在实战中的履带登陆车，换乘比预定时间多了1倍。在向海滩冲击的过程中，他们又遭遇强劲的海风和偏西海流，比预定计划晚了52分钟，才对恩努埃宾岛和梅路岛发起攻击。

6时37分，第五十一特混舰队开始实施舰炮射击。18分钟后，琼斯与舰队司令希尔联系上了。希尔得知岛上的情况后，立即下令停止射击。18分钟里，美军共发射了455发炮弹，但没有造成什么人员伤亡。

8时30分，美军第五十二特混舰队的68辆满载登陆部队的两栖履带登陆车从坦克登陆舰直接下水，编成8个攻击波向恩尼贝根岛和埃努布基岛两个小岛发起攻击。由于在此之前，美军护航航空母舰、战列舰和巡洋舰已经对这两个小岛进行了猛烈的航空和舰炮火力轰击，加上在突击上岸过程中还有4艘驱逐舰不断对海滩实施火力压制，因此登陆部队在突击上岸时只遇到了轻微抵抗，中午前后即占领两岛。随后，美军后勤部队在恩尼贝根岛建立了履带登陆车和水陆坦克的检修基地，炮兵部队则将195毫米和155毫米榴弹炮运上了埃努布基岛，建立起发射阵地。黄昏时分，美军第七步兵师师长科利特将师指挥部从"落基山号"登陆指挥舰移至埃努布基岛。至此，第五十二特混舰队进攻夸贾林岛的一切准备工作全部就绪。

9时左右，希尔的部队登上了马朱罗岛。美军第五十一特混舰队第二大队的大部分舰艇也驶入马朱罗礁湖。环绕礁湖有一条礁脉，形成天然的防潜防鱼雷障碍，大大提高了停泊舰船的安全性。原定担任登陆作战使命的陆军第二十七步兵师第一〇六团第二营于 2 月 1 日开始进行基建工作，将达里特岛上的最大建筑物改建成野战医院。两艘扫雷舰开始对礁湖进行测量，并标示出航道和锚地。

希尔兵不血刃就拿下了马朱罗岛，并经过一系列基地建设，使之成为美军最安全可靠的前进补给和航空基地，为马绍尔群岛战役的胜利奠定了坚实的基础。

9 时 52 分，在海军舰艇和舰载机强有力的火力支援下，加之日军防御薄弱，美军第五十三特混舰队的登陆部队几乎没受到什么抵抗就全歼日本守军，顺利占领了恩努埃宾岛和梅路岛。美军控制了恩努埃宾岛和梅路岛之间的北水道后，扫雷舰随即由北水道进入礁湖进行扫雷作业。美军扫雷艇没有发现水雷，却不断遭到罗伊岛上的日军炮击。第四陆战师炮兵团迅速将火炮运上恩努埃宾岛，准备次日登陆罗伊岛。

由于履带两栖车数量不足，刚完成进攻恩努埃宾岛和梅路岛的履带两栖车需要返回出发地，再运送部队进攻恩努比尔岛和恩努门内特岛。在这个过程中，因为海浪较大，履带登陆车行进速度受到影响，登陆恩努埃宾岛和梅路岛的时间被推迟到 15 时。美军陆战第二十五团第二、第三营很快就击溃了日本守军，并于 16 时 30 分占领恩努埃宾岛和梅路岛。第四陆战师的炮兵营连夜将火炮运上恩努比尔岛，准备次日登陆罗伊岛。

这一天，美军第五十三特混舰队的水下爆破队在舰炮的支援下，对罗伊岛预定登陆地区进行了水下侦察，查清了水下没有障碍物，也没有对登陆有影响的珊瑚礁，完成了次日主攻的一切准备。美国运载登陆部队陆战第二十三团和第二十四团的运输舰到达罗伊岛西南海域，换乘坦克登陆舰后于2月1日凌晨驶入礁湖。

日军在罗伊岛－那慕尔岛修筑了4个大碉堡、12个掩体、6个隐蔽的火炮阵地和65个永备火力点。美军第五十八特混舰队第一、第二大队的舰载机和第五十三舰队的3艘战列舰、5艘巡洋舰和6艘驱逐舰对罗伊岛已经进行了连续3天的猛烈火力攻击，消耗的弹药相当于比托岛的两倍，而罗伊岛的面积只有比托岛的一半。也就是说，火力攻击的强度几乎是比托岛的4倍。罗伊岛上被夷为平地，大部分工事被摧毁，守军伤亡过半。

◎ 小岛争夺也疯狂

2月1日，美军第五十二、第五十三特混舰队同时对夸贾林和罗伊岛 – 那慕尔岛发起登陆战。作战计划附带注明，如果战役进展顺利，则乘胜登陆埃尼威托克，具体时间和兵力将在夸贾林作战结束后根据实际情况决定。

为此，美军派出 6 艘潜艇在特鲁克和库赛埃、波纳佩和埃尼威托克附近海域活动，一方面密切监视上述地区的日军行动，另一方面实施海上游猎，彻底切断日军与马绍尔群岛的海上联系。

凌晨，负责运送第七步兵师第一八四团和第三十二团的第五十二特混舰队的运输舰到达夸贾林岛西北海域，并在距离登陆海滩约 7000 米处开始换乘。同时，登陆舰队中的 4 艘战列舰和 4 艘巡洋舰在南侧外海，数艘驱逐舰则驶入北面的礁湖，在 1700 米处从两个方向实施舰炮火力攻击。

5 时 45 分，美军第五十三特混舰队担任舰炮火力支援的 3 艘战列舰位于那慕尔岛以东，5 艘巡洋舰位于罗伊岛以北，6 艘驱逐舰则在南面礁湖内，三个方向一起炮击。

6时45分，美军第五十三特混舰队设在恩努埃宾岛和恩努比尔岛上的地面火炮也开始炮击罗伊岛－那慕尔岛。美军尽管在航行中秩序混乱，但连日的火力攻击给罗伊岛的日军造成了很大损失。侥幸活下来的日本守军只有300多人，分别在地堡和机场排水沟里躲避炮火。陆战第二十三团的登陆非常顺利。

8时，美军设在埃努布基岛上的榴弹炮开始轰击。40分钟后，第五十二特混舰队司令特纳下令所有舰炮和地面炮火停止射击。海风刚将岛上的硝烟吹散，就在这时，从塔拉瓦岛起飞的岸基航空兵B-24式重型轰炸机来到，向夸贾林岛投下1000千克的重磅穿甲炸弹。接着，从航空母舰上起飞的18架"无畏"式俯冲轰炸机和15架经过改装的"复仇者"式鱼雷机也开始对夸贾林岛进行轰炸。最后是30架"恶妇"式战斗机用机关炮和火箭对日军阵地进行扫射。这些飞机刚刚离去，美军的舰炮和地面火炮又恢复射击。美军倾泻在小小的夸贾林岛上的炸弹和炮弹是他们在塔拉瓦发射的4倍，达1.2万吨。

9时，美军第五十二特混舰队的登陆部队分为4个登陆部队，每个由16辆1VT两栖履带登陆车和水陆坦克、3艘1CI登陆炮艇、4艘登陆控制指挥艇和2艘车辆人员登陆艇组成，从距离海滩4570米处出发，以5节航速向海滩冲击，每个登陆部队时间间隔为4分钟。为保持队形，4艘登陆控制指挥艇在履带登陆车和水陆坦克队形的左右两翼分别配置1艘，中间配置2艘，所有履带登陆车和水陆坦克均以这4艘艇为基准，而3艘登陆炮艇则在履带登陆车的前方200米开道。

4个登陆部队井然有序，队形严整。

9时25分，美军第五十二特混舰队的战列舰、巡洋舰和驱逐舰的炮火开始向夸贾林岛纵深目标延伸射击。1CI登陆炮艇上的火箭炮和40毫米机关炮开始向海滩射击。火箭炮爆炸的硝烟还未散去，1VT履带登陆车的履带就已经碾上了海滩。在12分钟里，首批两个加强营的登陆部队1200名官兵顺利登上海滩。日军仅有零星的轻武器射击，抵抗极其微弱。美军无一伤亡，简直就像是在进行演习。

美军上岸后，开始向纵深推进，前进了1000米后，才遇到日军有组织的抵抗。日落时，美军上岸部队有1.1万人，损失轻微，仅阵亡30多人，伤40多人，不过仅前进了1500米。入夜后，美军转入防御，舰炮不时进行骚扰性射击，迫击炮不时发射照明弹，探照灯来回搜索可疑地区。日军照例组织夜袭，渗透穿过美军防线，发动自杀式冲锋。美军付出了约30人伤亡的代价，才将日军的夜袭粉碎。

12时，美军第五十三特混舰队第二十三陆战团陆续登陆罗伊岛，所遇抵抗微乎其微。在第二十三陆战团登陆罗伊岛同时，那慕尔岛登陆战也在激烈进行，而且比罗伊岛登陆战困难得多。第二十四陆战团原计划由110辆履带登陆车运送，实际只来了62辆。尽管如此，部队仍然在12时左右登上了那慕尔岛海滩，除了在东南遭到日军顽强抵抗外，第二十四陆战团主力进展还是很顺利的。

12时45分，那慕尔岛上的日军弹药储存点一连发生了三次大爆炸。横飞的弹片使美军第二十四陆战团蒙受了巨大伤亡。在海滩后方，日军构筑的防坦克壕使美军履带登陆车无法再向纵深前进。美军只得下车徒步前进，日军依托一些未被摧毁的工事和建筑物瓦砾拼死抵抗，致使美军难以取得突破。

15时10分，美军第五十三特混舰队第二十三陆战团主力全部到达当日任务线，团长将团指挥部移至滩头，率领部队先巩固登陆场。

15时30分，美军第五十三特混舰队第二十三陆战团继续向纵深推进，在坦克支援下，使用火焰喷射器、炸药包逐一消灭日军。他们进攻猛烈，进展神速，于17点35分推进到罗伊岛最北部，并占领了全岛。当晚，美军运载物资的船只靠岸开始卸载，以尽快抢修岛上的机场。第二十三陆战团团长随即派出一个步兵连和部分坦克增援在那慕尔岛作战的第二十四陆战团。

待罗伊岛的增援部队到达后，第二十四陆战团重新组织力量，再次发起猛攻，终于在19时30分占领了那慕尔岛南部。鉴于天色已暗，美军停止前进，就地组织防御。当晚日军发动了一些小规模偷袭，均被美军击退。

这一天，美军第五十三特混舰队以24人阵亡、40人负伤的代价夺取了罗伊岛附近5个小岛，并在其中两个小岛上建立了炮兵阵地。

◎ 日本人害怕了

　　2月2日，美军第五十二特混舰队的步兵在坦克的掩护下继续向前推进。美军坦克被日军事先挖掘的防坦克战壕所阻，并遭到日军高射炮平射，进攻被遏制。美国地面部队随即召唤舰炮火力支援，但由于日军精心构筑的防御工事都在反斜面上，舰炮火力无法将其摧毁。美军只好出动舰载机，轰炸机投掷500千克穿甲弹，战斗机则以机关炮进行扫射。这些炸弹和炮弹几乎擦着自己步兵的头皮呼啸而下，吓得他们大叫大嚷，却发现是虚惊一场。舰载机飞行员经过战前强化训练，对地攻击水平已相当娴熟。炸弹异常准确地摧毁了日军的防御阵地和火力点，令地面部队称赞不已，他们禁不住对飞行员高超的空中技术连声喝彩。

　　面对美军的狂轰滥炸，守岛日军的抵抗仍然十分激烈。他们凭借未被摧毁的工事和几乎成为废墟的建筑物拼死顽抗，不时发动反击。加上夸贾林岛地形狭窄，日军只需投入小部队就能依托有利地形阻止美军推进，因此美军进展非常迟缓。入夜后，日军一面以迫击炮向美军阵地发射燃烧弹，一面以小股部队实施反冲击，均被美军击退。战斗一直持续到 2 月 4 日 15 时 30 分，美军才将岛上的日军压缩到北部并全部消灭。在这 4 天的战斗中，美军第五十二特混舰队（南部登陆舰队）所属舰船一直停留在夸贾林附近海域，随时根据地面部队的要求而提供舰炮和航空火力支援，有力保障了战斗顺利进行。

2 日 9 时，美军第五十三特混舰队第二十四陆战团在坦克和半履带自行火炮支援下，向那慕尔岛北部发动攻势，将日军抵抗的据点一一消灭。

14 时左右，美军第四陆战师第二十四陆战团肃清了日军有组织的抵抗后，占领了那慕尔岛。夺取罗伊岛－那慕尔岛战斗中，在 2900 余名日军中，除 51 名日军和 40 名朝鲜籍工程兵被俘外，其余全部被消灭。美军 196 人阵亡，550 人受伤。

这一天，美军补给船队进入马朱罗环礁，使该地成为美军进攻夸贾林最重要的前进补给基地。这样原定在战役过程中的各种海上补给都可以取消，而改在马朱罗进行，为马绍尔群岛战役的后勤保障提供了可靠的场所。

2 月 3 日，在马朱罗礁湖停泊的美军舰船已达 30 多艘，计划进入该岛锚泊的舰船还有 50 多艘。

3 日清晨，美军第五十二特混舰队所属第七师第十七团在舰炮、舰载机和设在埃努布基岛的地面火炮全力支援下，顺利在埃贝耶岛登陆。然而在随后的纵深战斗中，美军遇到了日军顽强的抵抗。战斗一度相当激烈，有些阵地甚至几度易手。直至次日中午，美军才将日本守军全歼，并占领该岛。

2 月 4 日，尼米兹乘坐"卡塔林娜"式水上飞机离开珍珠港前往塔拉瓦岛视察。同一天，美军一架属于海军陆战队航空兵的"解放者"式水上飞机从布尔维干起飞，进行了一次1500千米的超远程飞行，对特鲁克进行首次航空侦察，成功拍摄了停泊在礁湖里的日军联合舰队主力所在地和机场上的飞机。然而，由于低空云层密布，美军没有能拍下全部岛礁，也无法掌握该环礁的防御情况。美军根据航空照片判断，日军联合舰队主力正锚泊在此，而该环礁3个机场上共有185架飞机（实际为385架）。考虑到特鲁克的地理特点，美军决定组织空中突击，并尽可能消除日军对埃尼威托克登陆作战的威胁。

卡塔莲娜双发水上飞机

美国飞机的侦察活动立即引起了日军的极大不安。联合舰队司令古贺峰一认为，随着夸贾林失守，特鲁克已经暴露在美军攻击之下，随时可能遭到空袭。

2月5日，美军第五十二特混舰队所属第七师开始清剿夸贾林岛上的日军残部。次日，第七师将夸贾林岛移交给守备部队。同一天，尼米兹抵达塔拉瓦岛。

2月6日，美第五十二特混舰队第七师对夸贾林环礁南部几个小岛进行了扫荡，肃清了这些岛屿上的日军残部。至此，美军完全控制了夸贾林岛礁。在夺取夸贾林环礁南部岛礁的作战中，美军177人阵亡，1037人受伤。日军守备部队在这些岛礁约5100人中，除了49名日军和125名朝鲜籍工程兵被俘外，全部阵亡。

同日，尼米兹抵达夸贾林岛，与第五舰队司令斯普鲁恩斯、第五两栖舰队司令特纳等将领就进攻埃尼威托克环礁有关事宜进行了研究。当时，有人认为，夸贾林作战尚未完全结束就发动新战役，未免太过冒险。尼米兹全力支持斯普鲁恩斯的意见，并指示有关方面尽一切可能提供支援。

埃尼威托克是马绍尔群岛中位置比较偏远的环礁，距离马里亚纳群岛约1850千米，距离特鲁克约1240千米，距离波纳佩约670千米。美军如果发动登陆必将受到上述三地日军航空兵围攻。为保障登陆作战顺利进行，美军决定在登陆作战开始前组织空中突击，由航空母舰编队的舰载机负责压制马里亚纳群岛和特鲁克的日军航空兵，岸基航空兵负责压制波纳佩的日军航空兵，全力消除日军可能的袭扰。

埃尼威托克岛登陆作战由希尔的第五十一特混舰队承担，该部队是由在战役中没有使用的预备队海军陆战队第二十二陆战团和陆军第二十七步兵师第一〇六团，共两个加强团组成，约8000人，由沃森指挥。登陆舰队由70多艘舰船组成，其中3艘护航航空母舰、3艘战列舰、3艘重巡洋舰、19艘驱逐舰、1艘船坞登陆舰、9艘坦克登陆舰、9艘运输舰、2艘快速运输舰、

4艘扫雷舰、2艘油船、72架舰载机，由希尔统一指挥。

另外，米切尔指挥的第五十八特混舰队和胡佛指挥的第五十七特混舰队（岸基航空兵）负责夺取战区制空权，掩护登陆作战顺利进行。埃尼威托克战役的登陆日期定为1944年2月17日，作战代号"法警"。

2月7日，为确保联合舰队主力的安全，日军联合舰队总司令古贺峰一下达了舰队转移的命令。

同一天，马绍尔群岛"燧发枪"作战胜利结束，美军攻占了夸贾林环礁诸岛礁，并乘胜扫荡了附近岛礁，占领了除沃特杰、米利、马洛拉普和贾卢伊特4个环礁以外的其余岛礁。战斗中美军战死373人，负伤1587人，参战军舰无一损失。日军在夸贾林环礁诸岛上的守军约8500余人，除100名日军和165名朝鲜籍工程兵被俘外，其余全部被歼。

对于日军重兵驻守的沃特杰、米利、马洛拉普和贾卢伊特4个环礁，美军认为这些岛礁上的日军既没有作战舰艇，又没有飞机，已经构不成什么威胁，不必拼死夺取。相反，留着这些岛礁还有用处：一来美军将其作为训练飞行员绝佳的实战练兵场，不时组织新飞行员进行对地攻击；二来日军维持这些岛礁守军的补给成了一个沉重的包袱，在美军严密的海空封锁下，只能利用潜艇进行数量极其有限的补给。

2月上旬，7165人的美军守备部队和工程兵部队先后到达，先在达拉普岛上建造了一个简易机场，一批航空母舰上的舰载机随即转场来到。接着，美军又在达里特岛上建造另一个简易机场，使马朱罗成为距离夸贾林最近的岸基航空兵基地。同时，由于马朱罗和其他岛屿岸基航空兵的积极活动，保证了马朱罗不受日军飞机的袭扰。

◎ 特鲁克——日本的珍珠港

2 月 10 日，古贺峰一率联合舰队主力离开特鲁克，撤往帛琉群岛。日军留在特鲁克的仍有包括巡洋舰和驱逐舰在内的约 50 艘各种军舰，约 300 架飞机，由第四舰队司令小林仁统一指挥。

这一天，日军大本营陆军部将中国东北的关东军第二十九师团调往中太平洋战场。

鉴于马绍尔群岛主岛夸贾林环礁被美军攻占，古贺峰一认为特鲁克岛已完全暴露在美军的攻势之下，为预防美军空袭和谨慎起见，决定将水面舰艇部队主力分别撤退到日本国内和帕劳，将旗舰"武藏号"战列舰迁至帕劳，把日本海军第四舰队、西南方面舰队的航空兵力、正在训练中的东南方面舰队航空兵力及陆军第五十二师团主力留在特鲁克。古贺峰一的担心很快被证实。不久，美国第五十八特混舰队司令米切尔就率领 3 个航空母舰特混大队浩浩荡荡杀向特鲁克岛。

2月中旬，日军大本营将第一航空舰队南调，进驻内南洋和菲律宾待命，协助联合舰队作战。

2月12日，美军第五舰队司令斯普鲁恩斯亲自指挥第五十八特混舰队的3个大队，并从其他部队抽调部分舰只予以加强，共计9艘航空母舰、6艘战列舰、10艘巡洋舰和30艘驱逐舰，搭载约570架舰载机，从马朱罗出发。为了迷惑日军，第五舰队首先向西北航行，从埃尼威托克北面绕到西面，再转向特鲁克。

从这一天起，美军第五十七特混舰队对波纳佩和库赛埃的日军进行了多次空袭。美军空袭部队以从塔拉瓦起飞的B-24式重型轰炸机为主，共投下炸弹118吨，6000多枚燃烧弹。截至26日，两地日军飞机损失大半，机场也遭到了严重破坏而无法使用，空袭解除了进攻埃尼威托克的威胁。

对埃尼威托克登陆威胁最大的日军基地是特鲁克。特鲁克位于加罗林群岛中部，马绍尔群岛西南，所罗门群岛北部，第一次世界大战后就成为日本的委任统治地。经过日军数十年的苦心经营，特鲁克已成为日本在中太平洋上最重要的海空基地，被誉为"太平洋上的直布罗陀"和"日本的珍珠港"。日军长期以来对特鲁克实行严密的警戒和安全管制，美军对其具体情况一无所知。

2月15日，美军第五十一特混舰队司令希尔率领登陆舰队从夸贾林岛出发，两天后驶抵埃尼威托克海域。由于美军登陆部队只有8000人，与守岛日军相比，仅有2.2∶1的优势，无力同时在3个岛礁上登陆，只能逐一夺取。与此同时，金德指挥的第五十八特混舰队第四大队，3艘航空母舰、3艘巡洋舰和8艘驱逐舰，约150架舰载机，也抵达埃尼威托克海域，与登陆舰队中的护航航空母舰一起负责提供空中掩护和航空火力支援。鉴于恩吉比岛上建有机场，希尔决定将其作为第一个目标，之后再夺取帕里岛和埃尼威托克。

战事激烈

2月17日凌晨，美军舰队到达特鲁克以东约160千米海域，未被日军发现，随即一分为二：第五舰队司令斯普鲁恩斯亲率2艘战列舰、2艘重巡洋舰和4艘驱逐舰继续向特鲁克逼近，围绕特鲁克以逆时针方向巡航，截击在空袭后可能向外海逃窜的日军舰艇；第五十八特混舰队司令米切尔指挥其余舰只以舰载机发动空袭。远在珍珠港的太平洋舰队司令尼米兹为了确保万无一失，早已派出了10艘潜艇在特鲁克周围海域游弋，密切监视着日军的动向。

与此同时，奥登多夫指挥的由第五十一特混舰队的巡洋舰和驱逐舰组成的舰炮火力支援大队首先炮击了礁湖两侧的岛礁，掩护扫雷舰进入礁湖，清扫水雷标示航道。

6时40分，美军从5艘大型航空母舰起飞了70架"恶妇"式战斗机，另4艘轻型航空母舰上的战斗机留下来保护舰队的安全。美军飞机向特鲁克飞去时，日军雷达站发现了情况，及时发出警报。日军起飞77架战斗机迎战。

美日双方战斗机在空中展开了激烈的空战。日军不仅战斗机性能比不上美军，而且飞行员的技术和战术素养也比美军飞行员差了很多，因此战斗出现一边倒：日军飞机被击落30余架，40多架尚在地面就被击毁，美国仅损失4架飞机。

美军第五十八特混舰队司令米切尔以战斗机掩护轰炸机空袭了日军机场跑道，严重破坏了机场跑道、机库等设施，炸毁了不少停在机场上的飞机。美军通过空战和轰炸机场夺取了特鲁克的制空权后，开始对礁湖内外的日军舰船发起猛烈攻击。日军"香取号"巡洋舰和"舞风号"驱逐舰、"野风号"驱逐舰掩护"赤诚丸号"运输船和"浅香丸号"运输船刚驶出礁湖，就遭到美军飞机的猛烈攻击。好不容易到达外海，又遇上了斯普鲁恩斯的战列舰巡洋舰舰队，结果"香取号"巡洋舰、"舞风号"驱逐舰和"赤诚丸号"运输船被击沉，其余舰船返回横须贺海军基地。

17日14时，美军第五十一特混舰队司令希尔派出两支侦察分队，乘履带登陆车分别在恩吉比岛东南的山茶花岛和鲁周卢岛登陆。日军在上述两岛没有部署部队，所以美军没遇抵抗。美军随即将12门105毫米榴弹炮和12门75毫米榴弹炮分别运上山茶花岛和鲁周卢岛，为次日进攻恩吉比岛做准备。

入夜，一架日军飞机悄然而至，美军猝不及防。"勇猛号"航空母舰被日机投下的鱼雷炸成重伤，只得在巡洋舰和驱逐舰护卫下返航。与此同时，日军大本营以美军空袭特鲁克为借口，将联合舰队的第三舰队撤至日本国内和新加坡，进行应急性整备与训练。第三舰队是航空母舰部队，下辖的第一、第二航空战队，由于美军在所罗门群岛方面开始反攻，自 1943 年 11 月后，陆续被调往拉包尔方面，在美军连续空袭拉包尔及与之空战中丧失了大部分战斗力。

这一天，美国海军总司令金就太平洋战争的作战问题致信太平洋舰队司令尼米兹。

亲爱的尼米兹：

非常遗憾，人们都说你正在认真考虑进攻特鲁克岛的作战计划。我相信你将会同意等其他一切方案作了充分审核，否则我们就不应该进攻特鲁克岛。

我个人认为，先占领马里亚纳－帕劳群岛一线是最好的方案，这样就像砍掉了特鲁克岛的两条胳膊，正如我们解决沃特杰、马洛伊拉普和米里岛方法一样。

我也知道将马里亚纳群岛打造成作战部队的基地有一定的缺陷。然而，攻占埃尼威托克岛后，有利于拍摄马里亚纳群岛的照片，以补充最近意外缴获的重要水文资料。

我已经通过电报和谢尔曼的口头传达告知你，应采取措施迅速开发和使用像关岛阿普拉港那样的隐蔽港，也许还可以考虑像我们从英国到法国横渡英吉利海峡作战（笔者注：诺曼底登陆）所建造的人造港。埃尼威托克离关岛－塞班岛只有 1000 海里（笔者注：约 540 千米），可以作为理想的前进基地。如此，对关岛－塞班岛作为前沿基地的起码要求就会降为"前哨站"的地位。

欧内斯特·约瑟夫·金

　　还有一个问题，你知晓的话，可能会感到意外。那就是大家到处在引用你关于我们下一步在太平洋地区作战的意见和想法，并据此妄加评论和猜测。实际情况是，除了对高级将领讲的那些内容外，你没有多说什么。然而，我担心的是人们会滥用你的话似乎濒于"帮助和讨好敌人"的程度。在此，我给你提个醒儿，同报界等媒体打交道时可要特别小心，这些人除了沽名钓誉，什么都不管。叙述世事或评论世事的目的是为了报纸的发行量，为了赚钱。很抱歉，我不得不提到这一点，因为在马绍尔群岛作战中，报纸对军界处理新闻稿的做法大加赞扬，也许过分了点儿。报刊广播无疑给我们的敌人造成一种印象，我们下一步将进攻埃尼威托克岛和波纳佩岛。

　　我希望你下次回大陆时来华盛顿一趟，时间根据你的工作而定。问题的"复杂性"在于你需要把工作向新任副总司令作交代。

　　祝你工作愉快，一切顺利。

　　　　　　　　　　　　　　　　你真诚的欧内斯特·约瑟夫·金

◎ 协同，堪称经典

2月18日凌晨，美军第五十一特混舰队的巡洋舰、驱逐舰和舰载机及架设在两个小岛上的火炮一起向恩吉比岛发动猛烈攻击。日军伤亡过半，残部之间的联系大都断绝，陷于孤立分散状态，难以组织起有效的抵抗。

凌晨3时，美军第五十八特混舰队司令米切尔派出12架装备雷达的"复仇者"鱼雷机夜袭特鲁克。飞机在60米高度进行超低空攻击。日军防空炮火向高空射击，等到发觉美军飞机踪迹调整射击角度时，飞机已经投完鱼雷，击沉击伤日军多艘舰艇后扬长而去。

天亮后，米切尔对日军机场、储油库和弹药库等军事设施又连续进行了3次攻击。由于日军飞机在过去一天的空战中损失殆尽，防空火力亦损失惨重，美军飞机如入无人之境，从容选择目标实施攻击。

18日上午，日军"太刀风号"驱逐舰再次遭到攻击，并被击沉。日军"太刀风号"驱逐舰于2月4日在距离特鲁克约9000米海域触礁搁浅。日军虽出动拖船前去营救，但没有成功。"太刀风号"驱逐舰前一日即被美军炸弹击中。

8时，美军第五十一特混舰队以6艘登陆炮艇、20辆履带登陆车和17辆水陆坦克组成第一登陆梯队，开始向恩吉比岛海滩发起冲击。

9时，第五十一特混舰队的第二十二陆战团顺利登陆，但西部由于靠近机场，日军防御严密，美军遭到了顽强抵抗，特别是日军凭借海滩后面一条3米高的大堤，居高临下顽强阻击。第二十二陆战团团长将预备队投入战斗，终于突破日军防线。第二十二陆战团在坦克的支援下，迅速肃清了日军残余。

中午时分，美军第五舰队司令斯普鲁恩斯指挥战列舰和巡洋舰绕特鲁克一周，同时不时用舰炮轰击岛上的目标，与米切尔的第五十八特混舰队会合后才返航。历时两天的进攻中，美军共出动1250架次飞机，投掷炸弹、鱼雷累计500吨，消灭日军270架飞机，其中空战击落70余架，如果加上日军在飞机修配厂和机库里损失的飞机，则高达近300架。击沉包括2艘巡洋舰和4艘驱逐舰在内的10艘军舰，击伤9艘，还击沉31艘运输船，吨位计19.35万吨，还有4艘军舰在规避空袭中触礁搁浅。日军一支运送地面部队的运输船队也在特鲁克附近海域遭到攻击，2艘运输船被击沉，船上运载的1100人落海丧生。加上在空袭中的人员伤亡，日军伤亡人数总计约1700人。储油库、弹药库、飞机修配厂、营房以及机场地面设施损失惨重。美军仅损失25架飞机，"勇猛号"航空母舰受到重创。

空袭后的特鲁克满目疮痍，如同当年的珍珠港，完全失去了其作用。美军航空母舰舰队这一行动有力支援了即将开始的埃尼威托克登陆战。特鲁克战斗结束后，米切尔率领第五十八特混舰队的第二、第三大队，共6艘航空母舰、5 艘战列舰、2 艘巡洋舰和 15 艘驱逐舰，370 余架舰载机开始向西北航行。

16 时 40 分，美军第五十一特混舰队的第二十二陆战团占领了恩吉比全岛。日军守备部队战死 1261 人，被俘 16 人。美军阵亡 85 人，负伤 166 人。

美军原计划在攻占恩吉比岛后，同时在埃尼威托克和帕里岛发起登陆，但是根据在恩吉比岛上缴获的日军文件获悉，日军在这两个岛礁上的守军都是第一海上机动旅团的精锐，战斗力非常强。鉴于此，第五十一特混舰队司令希尔决定改变计划，集中兵力夺取埃尼威托克，得手后再进攻帕里岛。

2 月 19 日拂晓，美军航空母舰倾其全力进行了最后一次空袭特鲁克岛，而后高奏凯歌，开始撤离。这是美国第五十八特混舰队首次大规模空袭特鲁克。

日军将这次空袭称为"第二次珍珠港事件"，承认"给日本海军造成了巨大损失"。在历时两天的空袭中，特鲁克日军被击沉舰艇 9 艘、特殊舰船 3 艘、运输船 31 艘，损伤舰艇 9 艘，损失飞机 270 架，人员伤亡约 600 名。此外，日军陆军第五十二师运输队在特鲁克西海面遭到美军攻击，两艘运输船沉没，1100 人葬身海底。与此同时，美军损失飞机 25 架，"勇猛号"航空母舰受到重创。这艘航空母舰是被日军鱼雷机夜间击中的，这也是日军唯一的一次反击行动。

在美军优势兵力的攻击下，所谓"坚不可摧的特鲁克"变成了神话。日本在 20 年托管期间，并不像许多人想象的那样，把海上投资用于修建海洋上的"马其诺防线"，而是用在了日本联合舰队的建设方面。

美军第五十八特混舰队歼灭了特鲁克岛的日军航空兵力，这就使马绍尔群岛埃尼威托克环礁的日军孤立无援，导致 2 月 24 日被全歼，又使拉包尔的日军处于完全瘫痪状态。美军袭击特鲁克岛，成为美国国内大多数报刊的头版头条新闻。

对日本来说，灾难不只是损失了特鲁克的舰船和飞机，更严重的是给其他方面带来消极影响。联合舰队司令古贺峰一得知特鲁克遭受袭击的消息后，立即把驻新不列颠岛拉包尔的海军航空兵力全部调往特鲁克。这样一来，自 2 月 20 日起，拉包尔已经没有一架海军的飞机，这在很大程度上也就丧失了它的战略价值。

8 时 30 分，美军第五十一特混舰队所属第一〇六步兵团在舰炮和舰载机掩护下向埃尼威托克岛发起冲击。1 小时 50 分后，第一〇六步兵团顺利登上埃尼威托克岛。

随着美军登陆部队向纵深推进，日军凭借防御工事的抵抗也越来越激烈。希尔只得增派第二十二陆战团第三营及部分坦克上岸，增援第一〇六团。直到黄昏，美军才突破日军防线。天黑后，美军停止进攻，转入防御。

2 月 20 日，美军第五十一特混舰队所属第二十二陆战团三营在坦克的支援下进展神速，很快就攻占所承担的区域，随后主动配合左邻第一〇六步兵团一营歼灭了埃尼威托克岛南部地区的日军。负责攻占北部地区的第一〇六步兵团三营被日军依托岛礁最窄处构筑的防御工事所阻，他们呼叫舰炮和舰载机进行猛烈火力轰击，但是直到天黑仍然没有取得什么突破。

同一天，为了掩护帕里岛登陆作战，第二十二陆战团将 12 门 75 毫米火炮运上了紧邻帕里岛的普加纳岛，从 20 时起开始对帕里岛进行炮击。美军 3 艘战列舰和 2 艘巡洋舰也对帕里岛进行了近距离轰击，由于日军防御工事多为地下和半地下，舰炮射击效果并不理想。最后，美军又从护航航空母舰上起飞舰载机实施航空火力攻击。

2月21日，日本大本营陆军部下令将新编的第一、第二、第三、第四、第五、第六、第七、第八派遣队调往中太平洋战场。

同一天，美军第五十一特混舰队出动大批舰载机对埃尼威托克进行了猛烈攻击。在舰载机的支援下，地面部队突破了日军防线，并于当天下午占领了全岛。这一战，美军37人阵亡，94人受伤。

2月22日，日军一架侦察机发现了米切尔的第五十八特混舰队，当即向第一航空舰队司令角田觉治作了汇报。角田觉治决定先发制人，马上组织夜航飞机连夜发动攻击。与此同时，美军第五十一特混舰队所属第二十二陆战团第一、第二营从帕里岛北部登陆，接着第三营随之上岸，3个营齐头并进向纵深推进。岛上的日军虽然经过连续3个昼夜的火力轰击，工事大半被毁，人员死伤过半，但仍凭借一些未被摧毁的工事疯狂抵抗。美军组成爆破小组，在坦克掩护下，用火焰喷射器和炸药包将日军的火力点逐个消灭。

中午时分，美军第二十二陆战团占领帕里岛北部地区，南部的战斗直到黄昏前才结束。第二十二陆战团于19时30分宣布占领帕里岛。占领该岛，美军73人阵亡，261人受伤。

在整个埃尼威托克争夺战中，美军只有两艘登陆炮艇遭到己方误击而受伤，最终以死195人、伤521人的代价全歼埃尼威托克的3500余名守军，顽强占领埃尼威托克环礁。

至此，马绍尔群岛战役宣告结束，美军夺取了夸贾林、罗伊岛-那慕尔岛、埃尼威托克诸环礁，阵亡和失踪人数为568人，负伤2108人。日军约1.1

万人伤亡，被俘 329 人。美日双方伤亡比为 0.23 ： 1。

美军在马绍尔群岛登陆作战中表现出的极高战术水平，与之前的塔拉瓦相比有了质的飞跃，尤其参战各军兵种之间的配合协同，完美默契，堪称经典。很多美军将领认为此役是最漂亮的一次两栖登陆战，就连极少出口称赞的第五两栖军军长史密斯也说："在夸贾林的战斗，是迄今为止最令人满意的一次！"

第四章 "阿号"作战计划

古贺峰一死后，日军联合舰队指挥权临时交给苏腊巴亚的西南方面舰队司令官高须四郎中将。新的联合舰队司令部按照"Z 行动"的基本精神，开始拟制"阿号"作战计划，并于 4 月 24 日上报给大本营。

◎ 舰队大调整

美军占领马绍尔群岛彻底突破了日军在中太平洋外围的正面防线，取得了继续实施战略进攻的前进基地，并为下一步攻击马里亚纳群岛创造了非常有利的条件。

2月22日17时，日军第一航空舰队司令角田觉治派出5架装备雷达的岸基攻击机，搜寻美军第五十八特混舰队，并与其保持接触，以引导后续航空兵的攻击。

19时30分，根据角田觉治的命令，日军16架岸基攻击机从提尼安岛起飞，途中有5架因故障而返航，其余11架于22时10分找到美军第五十八特混舰队并发动了鱼雷攻击。美军舰队没有搭载夜航战斗机，无法进行空中拦截，不过美军各舰装备的新型炮瞄雷达性能很好，可以在远距离准确发现并引导高射炮射击，加之高射炮使用的是当时最先进的近炸引信，具有较高的命中率和杀伤力。美军在没有夜航战斗机的情况下，仍击落了7架日军飞机，美舰无一损伤。一架日机在返航着陆时坠毁，这样日军首次攻击就损失了 8 架飞机。

20 时 30 分，日军派出 5 架攻击机，于 24 时对美军第五十八特混舰队发起攻击，投下的鱼雷均被美军舰队规避，日机被击落 4 架。

2 月 23 日凌晨 2 时 30 分，日军派出 8 架攻击机，结果损失 3 架仍然没有什么收获。天亮后，日本先后出动 18 架战斗机和 19 架攻击机。此时，美军战斗机起飞迎战，一举击落 31 架日本飞机，将日军的攻击行动彻底粉碎。

7 时 45 分，美军第五十八特混舰队驶抵马里亚纳群岛以西 185 千米处，攻击机群开始起飞，其中蒙哥马利的第二大队负责攻击关岛和塞班岛，谢尔曼的第三大队负责攻击提尼安岛和罗塔岛。至 15 时，先后发动了 3 次攻击，主要攻击的是塞班岛和提尼安岛，共 200 架次，同时对关岛和罗塔岛分别派出了 14 架次和 4 架次，将日军在该地的 137 架飞机击毁 125 架，并将 11 艘猎潜艇全部击沉。日军有 2 艘运输船为躲避美国飞机空袭出海，结果被在海上游弋的美军潜艇击沉。

美军第五十八特混舰队首次袭击了日本"绝对国防圈"要冲马里亚纳群岛的塞班、提尼安等岛屿。日军联合舰队第一航空舰队驻守在马里亚纳群岛。美军还对日军机场和适合登陆的岸滩进行了空中拍照。

面对美军的空袭，司令部驻提尼安岛的日军第一航空舰队以 83 架飞机进行反击，非但没有取得什么战果，反而在空中和地面损失了 94 架飞机。整备训练中的日军第一航空舰队第一仗就付出了如此惨重的代价。

2 月 25 日，日军大本营发布组建第三十一军团的命令，将驻扎于太平洋中部的所有陆军部队编入该军团战斗序列，任命陆军中将小畑英良为司令，陆军少将井桁敬治为参谋长，直接受联合舰队司令部领导。

同一天，日军联合舰队撤销第一航空舰队，将其第一战队（辖"大和号""武藏号""长门号"3艘战列舰）编入第二舰队（水面舰只部队，没有航空母舰）。

3月1日，为了便于发挥联合舰队海上部队的综合实力，日军大本营将第二舰队与第三舰队合编为第一机动舰队，由日本海军航空兵中首屈一指的指挥官小泽治三郎海军中将担任司令。据说，小泽是日本海军中唯一一名不靠参谋就能拟定作战方案的司令长官。

小泽治三郎

小泽治三郎，1886年10月2日生于日本九州宫崎县儿汤郡高锅町，1909年，毕业于海军学校第37期，在同期179人中排名第45位，并以海军少尉候补生资格登上加护级巡洋舰"宗谷号"。当时的"宗谷号"的舰长就是世界头号鱼雷战专家铃木贯太郎大佐，候补生的指导军官为山本五十六大尉与古贺峰一中尉。

1921年，小泽从海军大学第19期结训，晋升少佐，接任驱逐舰"竹号"舰长。1930年，晋升为大佐，先后出任海军大学与陆军大学教官，重巡洋舰"摩耶号"舰长。1936年，小泽在战列舰"榛名号"上任舰长，并晋升为海军少将。之后，历任联合舰队参谋长、第八战队司令、海军水雷学校校长。

1939年，小泽任第一航空战队司令，这是他第一次负责指挥航空母舰，在任上他对航空母舰产生了极大的兴趣，尽管他的本行是鱼雷，但善于钻研并目光长远的他依然在航空领域有了相当的造诣。1940年，小泽晋升为中将，任第三战队司令。1941年10月，任南遣舰队司令，并以此职参加了太平洋战争。

偷袭珍珠港前夕，小泽已经指挥训练日本海军航空兵多年，并因在演习中用航空兵击败山本的战列舰舰队而获得很高的声誉。然而，最终还是南云忠一取得了第一航空舰队的指挥权，而小泽只能屈就近藤信竹大将麾下的南遣舰队司令。1942年1月，南遣舰队改编为第一南遣舰队，小泽仍担任司令。除继续掩护马来半岛上的日军外，还协助日本陆军入侵爪哇岛与苏门答腊岛。11月，小泽接替南云忠一出任第三舰队司令，接掌了日本的航空母舰部队。

1944年3月，第三、第二舰队组成规模空前的第一机动舰队，小泽任第一机动舰队司令兼第三舰队司令。6月，小泽指挥第一机动舰队参加了马里亚纳海空大战。此战失败后，小泽多次提请撤职，但最终被联合舰队司令丰田副武挽留。莱特湾海战失败后，第三舰队与第一机动舰队解散，小泽转任海军军令部次长兼海军大学校长。1945 年 5 月 29 日，小泽升任联合舰队司令，军令部要将其晋升为大将，却被他拒绝了。这样，小泽这位末代舰队司令成为自联合舰队作为常设机构后的唯一的一位中将司令官。9 月 3 日，日本签署投降书，日本正式战败。

小泽在被逮捕前，对那些企图玉碎报国的属下说出了一段意味深长的话："你们不能死，宇垣在冲绳坠落了，大西在家中剖腹了，战争是由我们这一代人发动的，如果我们都死了，谁来承担战争的责任？"小泽最终被无罪释放。战后，他在东京市的世田谷区隐居。1966 年，因多发性硬化症过世。昭和天皇赐予小泽 7000 日元的丧葬费，葬于神奈川县镰仓市的镰仓墓园。

此时的第一机动舰队是日本海军唯一的航空母舰部队。联合舰队的大部分水面舰只被编入第一机动舰队，主要舰只有航空母舰 9 艘、战列舰 5 艘、巡洋舰 14 艘、驱逐舰 32 艘。这是一支为对抗美国第五十八特混舰队而组建起来的以航空母舰为核心，以战列舰、巡洋舰、驱逐舰等为辅助兵力的作战舰队。日本海军中还没有哪一位将领指挥过如此规模的航空母舰部队。

第一机动舰队的战斗序列如下：

1. 第三舰队，小泽治三郎兼任司令，辖第一航空战队（包括"大凤号""翔鹤号""瑞鹤号"航空母舰）、第二航空战队（包括"隼鹰号""飞鹰号""龙凤号"航空母舰）、第三航空战队（"千代田号""千岁号""瑞凤号"航空母舰）、第四航空战队（"伊势号""日向号"战列舰，5 月列编，因改造舰船，未参加实战）、第十战队（附属）。

2. 第二舰队，栗田健男海军中将任司令，辖第一战队（包括"长门号""大和号""武藏号"战列舰）、第三战队（包括"金刚号""榛名号"战列舰）、第四战队（包括"爱宕号""高雄号""摩耶号""鸟海号"重型巡洋舰）、第五战队（包括"妙高号""羽黑号"重型巡洋舰）、第七战队（包括"熊野号""铃谷号""利根号""筑摩号"重型巡洋舰）、第二水雷战队。

其中，第三舰队的第三航空战队由3艘小型航空母舰组成，其飞机是以初次尝试在"零"式战斗机上装炸弹（250千克炸弹）的战斗轰炸机45架（3艘航空母舰，每艘15架）为主力编成的。

◎ 第五舰队

3月2日，美军太平洋舰队司令尼米兹离开珍珠港回到华盛顿。在华盛顿期间，他参加了参谋长联席会议有关研究盟军进入吕宋 - 中国台湾 - 中国大陆三角地带的战略问题会议。

3月4日，日军大本营在联合舰队之下组建太平洋中部舰队，使之担任太平洋中部的防御，并任命海军中将南云忠一为司令官。日军中太平洋舰队以原在该地区作战的第四舰队和新编的第十四航空舰队为基础，并将配置在该地区的陆军第三十一军纳入其编成。5天后，南云忠一抵达舰队司令部所在地塞班岛上任。第四舰队所辖的部队主要是一些巡逻艇、鱼雷艇、猎潜艇、扫雷艇等轻型舰艇，以及若干油船、运输船和杂务船。第十四航空舰队在编制上虽有8个航空队，500余架飞机，但后来多被调往他处，余下可用的飞机寥寥无几。

3月11日，美军参谋长联席会议终于确定了对日作战的战略计划，再次肯定了从太平洋两个方向对菲律宾发动钳形攻势的战略设想，明确规定各路部队的进攻目标和时间表：（1）麦克阿瑟的部队于4月15日进攻荷兰迪亚（今查亚普拉），并于11月15日在菲律宾南部的棉兰老岛登陆；（2）对特鲁克岛实施火力压制，但不予攻占；（3）尼米兹的部队于6月15日进攻马里亚纳群岛的塞班岛、提尼安岛和关岛，于9月15日进攻帕劳群岛，在那里建立前进基地，并于11月15日支援麦克阿瑟部队进攻棉兰老岛。此后，是进攻吕宋，还是中国台湾，留待以后再定，但时间定在1945年2月15日。

这天早上，尼米兹和罗斯福的参谋长莱希、海军总司令金来到白宫，请总统批准参谋长联席会议的作战计划。罗斯福仔细听取了他们的汇报，并批准了这个计划。

3月12日，美国参谋长联席会议通过电报正式向有关司令部下达了新的太平洋作战计划。

3月15日，尼米兹返回珍珠港。他当即把第五舰队司令斯普鲁恩斯从马绍尔群岛的夸贾林岛召来，向其传达了参谋长联席会议新的作战计划的细节，要求其尽快拟制马里亚纳群岛登陆战役的详细作战计划。

马里亚纳群岛登陆战役的复杂程度不亚于正在西欧紧锣密鼓准备的诺曼底登陆战役。美军要想从珍珠港把大量的兵力送到关岛，必须在海上航行3310海里（合6130千米），即便从美国海军在中太平洋最西边的基地刚刚夺得的马绍尔群岛的埃尼威托克环礁出发，也要有1000多海里的航程。英美盟军制订诺曼底登陆战役计划用了两年多的时间，而留给斯普鲁恩斯及其参谋人员的时间仅仅3个月。

美军中太平洋战区的主力是第五舰队，司令为晋升海军上将刚一个月的斯普鲁恩斯（1944年2月4日晋升）。第五舰队是由兵员、舰船和飞机组成的一支合成部队,是专门为实施远程突击而组建的。该舰队组建于 1943 年春,也就是从第一艘"埃塞克斯"级大型航空母舰(排水量 2.7 万吨,速度 32 节)驶抵珍珠港时开始的。接着,第一艘"独立"级轻型航空母舰(排水量 1.1 万吨)也开到珍珠港。到 1943 年秋,第五舰队辖大型航空母舰 6 艘、轻型航空母舰 5 艘、护航航空母舰 8 艘、新式战列舰 5 艘、老式战列舰 7 艘、重巡洋舰 9 艘、轻巡洋舰 5 艘、驱逐舰 56 艘、运输船和货船 29 艘,以及大量登陆舰只。

第五舰队的突击兵力是它的快速航空母舰特混舰队第五十八特混舰队。这支特混舰队的主要任务是支援登陆作战,诸如为封锁登陆地域而实施远程突击,在登陆部队突击上陆前对登陆地段实施航空火力准备,对登陆部队实施战术支援,对威胁两栖作战舰船的空中和海上敌人进行截击。这支快速航空母舰特混舰队编为 4 个特混大队。每个特混大队一般辖有大型航空母舰和轻型航空母舰各 2 艘,并配有快速战列舰 1 ~ 2 艘、巡洋舰 3 ~ 4 艘、驱逐舰 12 ~ 15 艘为其护航。航空母舰特混大队具有极大的灵活性,既能与其他部队协同作战,又可单独执行作战任务,还可从中抽调部分舰只编成水面舰艇突击编队执行特别任务。这种航空母舰特混大队就是海上浮动的航空基地,可以为横渡太平洋抵达日占岛屿开辟进攻道路。

第五舰队的两栖作战舰队,番号为第五两栖作战舰队,司令为特纳海军中将(1944 年 3 月 7 日晋升)。为实施登陆作战,这支两栖部队编有运输船、货船、登陆舰艇、船坞登陆舰等。为了组织护航和担任直接支援任务,还辖有驱逐舰、护航航空母舰、巡洋舰和老式战列舰等。这支部队在作战中,通常分为 2 ~ 3 个梯队,有时也派遣部分兵力去执行特殊任务。若战术上有某种需要,还派遣以火炮为主要武器的快速舰只,或与航空母舰特混大队一起行动，或与登陆编队一起行动。

第五舰队的两栖作战部队，番号为第五两栖军，军长为霍兰·史密斯海军中将（1944年3月中旬晋升），其任务是遂行登陆、登岛作战，解决地面上的敌军。在登陆作战中，第五两栖作战舰队与第五两栖军密不可分。第五两栖作战舰队担负着护送第五两栖军到登陆地域，并实施直接火力支援的任务。

第五两栖作战舰队司令特纳，被美国新闻界称为"怪物"。第五两栖军军长霍兰·史密斯，被美国新闻界称为"疯子"。这两位将军的个性特点都是倔强、粗鲁、嗓门大。两个人对两栖登陆作战该怎么打，由谁来指挥，各有各的想法，谁都不让谁。史密斯具有长期从事两栖作战训练和演习的经验，终于使特纳勉强接受了海军陆战队的打法。然而，在决定由谁指挥，指挥什么部队和什么时候指挥等问题时，曾一度陷入僵局。特纳坚持，部队在舰上或登陆艇上应归他指挥，部队两栖作战的训练、演习和实战同样如此。他们之间的矛盾最终在第五舰队参谋长卡尔·穆尔上校的调解下，找到了解决方法。部队在训练期间，由他们两人共同指挥；部队在海上和登陆作战中，由特纳指挥；登陆部队在岛上建立指挥部后，由史密斯指挥。这种指挥原则，后来成为美军登陆作战的基本模式。

另外，第五舰队还辖一支岸基航空部队，其中包括陆军、海军和海军陆战队两个系统所属的飞机，由约翰·胡佛海军中将指挥。最初，这支岸基航空部队主要是辅助航空母舰执行登陆前的航空侦察和空袭登陆地域等任务；后来，快速航空母舰特混编队没有岸基航空兵的支援，也可完成支援登陆作战任务而且越打越有经验。鉴于此，就把这支部队改为中太平洋前进地域航空队。它的任务是进行空中侦察、摧毁敌方基地、保卫新占基地等。

◎ 美国人有新动作

马里亚纳群岛由塞班、提尼安、关岛、罗塔等 16 个火山岛和珊瑚礁组成，葡萄牙航海家麦哲伦于 1521 年发现，曾被称为"海盗群岛"。1565 年被西班牙占领，改称"马里亚纳群岛"。1898 年美西战争后，美国人从西班牙人手中夺占了该群岛南端的关岛，其余岛屿则于 1899 年售予德国，成为德国的殖民地。第一次世界大战后，日本政府把原属德国太平洋的岛屿以"委任统治地"的名义据为己有。太平洋战争爆发后的第三天，日本就占领了关岛。

马里亚纳群岛位于马绍尔群岛和菲律宾群岛之间，扼制着美军横渡中太平洋的进兵路线。占领马里亚纳群岛后，既可把进攻矛头指向菲律宾，也可指向帕劳群岛或中国台湾，还可沿小笠原群岛直捣日本本土。这样就可以使美军对而后的行动方向获得更大的选择余地，而使日本守军对美军的下一个攻击目标难以做出正确判断。占领这个群岛，还可以切断日本本土与加罗林群岛、新几内亚岛之间的主要航空运输线。

美军第五舰队马里亚纳群岛战役的密语代号为"征粮者"。"征粮者"战役是自美日太平洋战争爆发以来美军动用兵力最大的一次战役。该舰队的作战计划的要点如下：

1. 第五两栖作战舰队、第五两栖军组成"联合远征军"。海上航渡，由特纳负责统一指挥；地面作战，由第五两栖军军长史密斯统一指挥；"联合远征军"辖北部登陆编队、南部登陆编队和留船待命预备队。海上航渡时，北部登陆编队由特纳直接指挥，护送第五两栖军所辖第二、第四陆战师在塞班岛和提尼安岛登陆。南部登陆编队由康诺利海军少将指挥，护送第三两栖军（辖第三陆战师、暂编第一陆战旅，军长盖格少将）在关岛登陆。留船待命预备队由布兰迪海军少将指挥，护送陆军第二十七步兵师（师长拉尔夫·史密斯少将）进至登陆地域附近海面待命。以上地面作战部队共12.7万余人，为其担任输送和护航的各种舰船共530余艘。此外，还指定第七十七步兵师为这次战役的总预备队，在夏威夷待命，预计在7月间投入战斗。

2. 米切尔指挥的第五十八特混舰队，胡佛指挥的岸基航空部队，提供海上和空中掩护与支援，主要任务是捕捉与歼灭日本海军第一机动舰队和第一航空舰队。

斯普鲁恩斯随第五十八特混舰队行动，实施靠前指挥。美军太平洋舰队兼战区司令尼米兹坐镇珍珠港实施岸上指挥，并组织一部分潜艇部队、后勤部队协同行动。

同一天，日军大本营将第一航空舰队编入联合舰队，并改编从拉包尔方面后撤的岸基航空部队部署于内南洋。

第一航空舰队是日本海军自1943年7月以来，作为"决战兵力"而新组建的一支岸基航空部队,由角田觉治海军中将任司令官。这支部队组建以来就受到大本营的特别重视,它的飞行人员虽然多是刚从航校毕业的学员,但由有飞行经验和战斗经验的人员充当骨干,并尽可能配备一些新的器材。最初预定进行一年左右的教育训练,但1944年2月上旬夸贾林失陷后,其中的一部分航空队南调,技术比较熟练的飞往马里亚纳群岛,不够熟练的留在菲律宾继续接受训练。

3月20日,驻中国东北大连、旅顺地区的日军第十四师团也被编入第三十一军。

3月21日,尼米兹将特纳从马绍尔群岛召回珍珠港,讨论有关作战方案。在会上,尼米兹亲自指导制订了代号为"征粮者"的马里亚纳作战计划,并且将登陆日定在1944年6月15日。

3月25日,日军大本营下达有关太平洋中部方面作战的《陆海军中央协定》,明确规定了第三十一军的基本任务:协助海军部队担任加罗林群岛中西部、马里亚纳和小笠原群岛的地面作战。该协定还明确了指挥关系:将第三十一军置于联合舰队中太平洋舰队司令官南云忠一海军中将指挥之下;各岛屿的地面作战,由驻地任职的指挥官统一指挥所在地区的地面部队。

3月27日,日本海军侦察机报告说在新几内亚北部发现美军特混舰队正向西挺进。同时,来自日军大本营的情报说,美军大批运输船正在同一海面向北移动。为此,日军联合舰队司令古贺峰一和参谋长福留繁及全体参谋分乘两架大型水上飞机由帕劳群岛飞往新的指挥地——达沃。

3月28日,美军中太平洋战区兼太平洋舰队司令尼米兹下达了兵力编成和任务区分的命令,登陆部队及其护航输送船队称为"联合远征军",由特纳任司令，同时兼任第五十二特混舰队（又称北部登陆舰队）司令。

3月29日，当尼米兹回到珍珠港时，第五舰队司令斯普鲁恩斯正随第五十八特混舰队开向帕劳群岛。他在飞机上用电报向尼米兹报告，舰队已被日机发现，他们将在48小时内、日军联合舰队逃跑之前进攻帕劳岛。

3月30日，美军开始空袭日军联合舰队的司令部所在地帕劳。帕劳是当时日本海军在西南太平洋唯一的较为安全的停泊港。在这里停泊着联合舰队旗舰"武藏号"战列舰与水面舰艇部队的主力。

美军空袭时，这些舰艇纷纷躲避，结果还是有10余艘运输船被击沉。古贺峰一在命令舰艇退避后，亲自率领参谋人员转移到了帕劳岛上。他判断美军可能要在31日傍晚或4月1日登陆。为了指挥全局作战，他决定向菲律宾棉兰老岛的达沃转移。

◎ 日本人要搞大事

　　3 月 31 日 22 时，日军联合舰队司令部成员分乘两架大型水上飞机从帕劳起飞。第一架飞机上坐着司令官古贺峰一及随行人员，第二架飞机上坐着参谋长福留繁一行。两架飞机在临近菲律宾的棉兰老岛时，遭遇暴风袭击，第一架水上飞机失踪，古贺峰一和他的随行人员全部丧生。古贺峰一之死被日本当局列为"海军乙级事件"。联合舰队前后两任司令官山本五十六和古贺峰一，一个死于人祸，一个死于天灾。这两位联合舰队一号人物的死亡有着惊人的相似之处，都是司令官、参谋长各乘一架飞机，都是司令官当场丧命，参谋长死里逃生。

　　日军联合舰队司令部的第二架水上飞机在菲律宾的宿务岛附近海上迫降，福留繁以下约 10 名生存者被菲律宾抗日游击队俘获。不久，这些俘虏又被日军守备队救走，但福留繁随身携带的一箱绝密文件被游击队缴获。西南太平洋盟军司令麦克阿瑟接到游击队报告后，派一艘潜艇把文件运到澳大利亚布里斯班。在缴获的文件中，有一份称为"Z 行动"的提纲。

古贺峰一死后，日军联合舰队指挥权临时交给苏腊巴亚的西南方面舰队司令官高须四郎中将。新的联合舰队司令部按照"Z 行动"的基本精神，开始拟制"阿号"作战计划，并于 4 月 24 日上报给大本营。

3 月底，日军大本营开始进行所谓"松运输"，动员了大部分海上运输力量，优先向中太平洋战场运送兵力，以便能够迅速展开。运输遭到美军潜艇的攻击，损失很大，但第三十一军的兵力还是在一步步增加。截至 5 月下旬，第三十一军的基本兵力已增至 5 个师团又 8 个旅团，分别驻守在特鲁克、马里亚纳、小笠原、帕劳等地。其战斗序列如下：

1. 特鲁克集团，由第五十二师团师团长麦仓俊三郎中将任司令，辖第五十二师团、独立混成第五十一旅团、独立混成第五十二旅团。

2. 马里亚纳北部集团，由第四十三师团师团长斋藤义次中将任司令，辖第四十三师团、独立混成第四十七旅团。

3. 马里亚纳南部集团，由第二十九师团师团长高品彪中将任司令，辖第二十九师团、独立混成第四十八旅团。

4. 小笠原集团，由第一〇九师团师团长栗林忠道中将任司令，辖第一〇九师团。

5. 帕劳集团，由第十四师团师团长井上贞卫中将任司令，辖第十四师团、独立混成第四十九旅团、独立混成第五十三旅团。

6. 直辖部队，辖独立混成第五十旅团、海上机动第一旅团。

日军第三十一军司令的防御方针：各部队迅速展开，不论美军何时前来进攻都能立即应战；首先在小笠原、马里亚纳及特鲁克群岛各地区，而后在帕劳群岛地区迅速确立防卫的基本态势；地面防卫的重点放在确保航空基地群上；各部队陆续展开后，首先扩充所在地区的防御工事，形成将敌击溃于滩头的态势，而后逐步使之要塞化。

鉴于此，司令官小畑英良要求所属各部队到达后，最迟于一个月内建成野战阵地，而后尽快将要塞地区筑成永久性防御工事，大约在3个月内建成以堡垒为骨干的坚固野战阵地。小畑英良亲自视察各部队阵地，直接担任修筑工事的指挥官。

至此，日本联合舰队主要兵力的编成完成了以战列舰为中心向以航空母舰为中心的转变。然而，其决战思想没有发生多大变化，仍然没有摆脱传统战略思想的束缚，不过是用航空母舰代替战列舰充当决战兵力而已。在"舰队决战"战略思想支配下，日本联合舰队司令古贺峰一着手主持制定"Z行动"，企图在第一机动舰队、第一航空舰队的兵力基本得到恢复的1944年5月末以后寻机与美国太平洋舰队决战，发挥航空母舰舰载机与岸基航空兵的综合威力，一举扭转战局。

4月1日，尼米兹派海军航空兵进驻阿德默勒尔蒂群岛的马努斯岛，使美军空中探索的范围扩大了1850千米。海军利用新占领的基地进行不间断的空中巡逻，配合麦克阿瑟的部队向西沿新几内亚北部海岸发起两栖进攻作战。塞班岛登陆作战开始后，尼米兹又派马努斯岛上的水上飞机和第五十八特混舰队的舰载机从南面、东面加强了对菲律宾与马里亚纳群岛之间海域的搜索。

为了随时掌握日本舰队的动向，尼米兹指示潜艇部队派出多艘潜艇对小泽治三郎舰队的驻泊点、进出航线特别是通往马里亚纳海域的航线进行密切监视。潜艇部队指挥官将3艘潜艇埋伏在塔威塔威锚地的出口处，将3艘潜艇部署在吕宋岛以北，3 艘部署在棉兰老岛以南，1 艘部署在圣贝纳迪诺海峡东口，1 艘部署在苏里高海峡东口，全方位控制了菲律宾群岛的各个出口。此外，还有一些潜艇在菲律宾与马里亚纳群岛之间的太平洋辽阔海域内巡逻。

4 月 6 日，美军第五十八特混舰队开进马朱罗环礁湖。司令米切尔向第五舰队司令斯普鲁恩斯报告了特混舰队的初步战绩。斯普鲁恩斯将第五十八特混舰队的战绩呈报给太平洋舰队司令尼米兹：击沉日军辅助舰船 29 艘，击伤 17 艘；确定击毁日机 160 架，可能击毁 29 架。"金枪鱼号"潜艇报告用鱼雷击伤日军战列舰 1 艘，后来证实为"武藏号"巨型战列舰。显而易见，日军联合舰队的其他舰只都已逃离帕劳群岛。

4 月 8 日，尼米兹同几名参谋来到马朱罗岛，商讨推迟到 4 月 21 日开始的霍兰蒂亚战役问题。尼米兹对斯普鲁恩斯违抗他的命令不肯使用电台发报，是否进行了严厉的批评不得而知，但是斯普鲁恩斯不在马朱罗岛却是事实。那时，他带着参谋到珍珠港制订马里亚纳群岛的作战计划去了。9 日，尼米兹回到珍珠港。13 日，第五十八特混舰队在米切尔指挥下离开马朱罗岛前往西南太平洋。

5 月 2 日，日军大本营召开审定"阿号"作战计划的御前会议。

陆军参谋次长后宫淳向海军询问："如果敌军在 5 月下旬前后攻占比亚克岛（又译：比阿岛）或美列温，是否进行决战？"

海军军令部次长伊藤整一说："即使敌军进攻比亚克岛、美列温方面，也不能与之决战。"伊藤认为，眼下日本海军的实力即使只在马里亚纳、加罗林方面进行决战，也未必能胜，而分散兵力于比亚克岛方面，对在帕劳以北进行决战将极为不利。

同一天，丰田副武海军大将被任命为联合舰队新任司令官。

丰田副武

　　丰田副武，1885年生于日本九州大分县，毕业于海军学校和海军大学。1937年起，先后指挥第四、第二舰队参加侵华战争。1941年晋升大将。历任吴镇府司令长官和横须贺镇守府司令长官。丰田在20世纪30年代属于"舰队派"，但山本五十六非常讨厌丰田副武，认为"'两丰'（另一人为丰田贞次郎，曾任海军次官）绝不可用"。1944年，丰田副武继古贺峰一出任联合舰队司令兼海军总司令和海上护卫总司令官，指挥马里亚纳海战和莱特湾海战，都以失败告终。冲绳岛战役中，他命令残存的海军出海决战，致使"大和"等主力舰被击沉，遭到惨败。1945年任海军军令部总长，力主顽抗到底。日本投降后，以战犯嫌疑被捕，1949年被无罪释放。1957年病逝，著有《最后的帝国海军》。

5月3日上午，日军大本营海军部向联合舰队司令丰田副武下达《联合舰队应遵循的当前作战方针》，即关于"阿号"作战的命令。

《联合舰队应遵循的当前作战方针》主要内容如下：

1. 集结决战兵力大部于敌主攻方向，一举歼灭其舰队，挫败其进攻企图。鉴于此，需要迅速整备决战兵力，于5月下旬后，在太平洋中部到菲律宾及澳北海域搜索敌舰队主力，并歼灭之。整备上述决战兵力前，除非万不得已，避免与敌舰队决战。

2. 决战海域作战要领：5月下旬，待第一机动舰队和第一航空舰队的兵力得到整备后，命令第一机动舰队在菲律宾中部待命；命令第一航空舰队在太平洋中部、菲律宾及澳北方向展开，以保持适应决战的态势，乘有利时机，特别是恰当地运用上述两个舰队全力以赴搜索并歼灭敌军主力。决战海域尽可能选定在我海军航空母舰部队待命地点。

3. 决战兵力整备前，敌军来犯时，除了确保特定据点和特别有利的情况外，避免以海上兵力进行决战，主要以岸基航空兵与局部地区防卫兵力迎击并歼灭敌军。岸基航空兵不要消耗过多兵力，具体以不影响下一步决战为原则。

4. 决战期间其他方面的作战原则：陆海军紧密合作，以在当地兵力反击来犯之敌，并确保重要地区；尽可能实施奇袭作战，目的是挫败敌军进攻的气势。

5. 决战准备中应特别注意的事项：以5月下旬为目标，完成陆海军协同作战准备；重点加强自太平洋中部至菲律宾、澳北方向，尤其是西加罗林诸岛、菲律宾中南部、哈马黑拉以及新几内亚西部方向的作战准备；优先进行航空作战准备。

6. 依照本作战方针所实施的作战称为"阿号"作战。

《联合舰队应遵循的当前作战方针》确定的决战海域是太平洋中部至澳北一线，但从第 5 条可以看出，日军大本营海军部判断并期待的决战海域是帕劳附近海域，这是日军大本营根据1943年末的"虎号"图上模拟演习做出的判断。大本营陆军部（有海军部人员参加）的"虎号"图上模拟演习的结论是，美军可能先占领菲律宾，切断日本与南方的联系，然后进攻日本本土。日本人判断美军进军菲律宾的路线有两条：一是从马里亚纳方面径直向菲律宾推进，二是从新几内亚方面指向菲律宾南部。至于哪一条是主攻路线，则不清楚，但是从"战则必胜"的观点看，采取后者的可能性较大。根据这种判断，自然会得出海上决战海域在靠近新几内亚、澳北方面的帕劳附近海域的结论。

日军希望在帕劳近海决战，这与当时能够分配给航空母舰部队的油船数量有关。因美国潜艇的频繁攻击而造成的油船严重不足大大限制了第一机动舰队的机动能力，其行动半径仅限于 1850 千米以内。这就意味着即使把第一机动舰队的待机地点推进到最靠前的菲律宾中南部，也很难将它用于远在 1850 千米之外的马里亚纳方面决战。这种情况促使大本营海军部期望决战海域尽可能靠近第一机动舰队的待机地点——帕劳近海。日军大本营的这种判断与期望强烈影响了联合舰队。联合舰队确实也是以这种判断来备战的。

然而，一个多月后，日本联合舰队不是在帕劳，而是在马里亚纳与美军第五十八舰队展开了大对决。不过，日本人是被动作战，是不得已而为之的。

◎ 如此准备焉能小战

5月3日下午，丰田副武下达了联合舰队"阿号"作战计划，并命令当时分别在新加坡附近的林加岛（今属印度尼西亚）停泊地及国内待命和训练的第一机动舰队，于5月20日前在菲律宾西南部的塔威塔威（Tawi-Tawi）停泊地集结，完成作战准备。联合舰队判断加罗林群岛西部为盟军的主攻方向，将帕劳附近海域定为第一决战海域，将西加罗林一带定为第二决战海域，并设定了两种情况下的对策：一是"如果敌进攻马里亚纳，则不动用第一机动舰队，仅以岸基航空部队全力迎战"；二是盟军舰队来攻时，"以小泽治三郎的第一机动舰队和角田觉治的第一航空舰队实施两面夹攻，将敌歼灭"。参加"阿号"作战的日军潜艇编为先遣部队，其任务是：侦察敌方要地；实施出敌不意的袭击；部分兵力部署在加罗林群岛以南海域，主要负责查明敌情。

日军的"阿号"作战计划的显著特征是强调并重视将美军牵制和引诱到

希望全力决战的海域。日军的兵力部署的判断依据是：盟军将从新几内亚岛方向发动主要攻势，美军第五十八特混舰队将对西南太平洋战区盟军总司令麦克阿瑟指挥的部队继续进行支援。

5月5日，日本广播电台公布了丰田副武任职的消息。在即将开始决战的关键时刻更换司令官和司令部人员，使日军陷入极其不利的境地。日军大本营撤销了第一航空舰队的第六十二航空战队，将其留在国内，同时将训练有素的第十三、第十四航空舰队所属的航空部队编入该舰队。

同一天，美军太平洋作战联席会议在旧金山举行。海军总司令金和他的首席作战官库克（绰号"萨威"）、太平洋舰队司令尼米兹和他的作战处长谢尔曼、南太平洋舰队司令哈尔西和他的参谋长卡尼参加了会议。

金在介绍完世界战局后，传达了盟军参谋长联席会议和美军参谋长联席会议的计划和决策。他说，盟军将在一个月后横跨英吉利海峡在诺曼底登陆，然后进攻法国南部，并向德国推进。盟军决定在打败德国一年内结束对日作战，这样就使得太平洋各部队以后的战斗非常紧张。

会议对进入中国作战和动用中国军队问题进行了充分讨论，不过事后并未兑现。这次会议最重要的决议是太平洋舰队各级司令部将采取两班轮换制。两班制的产生，是因哈尔西的安排问题而引起的。他的南太平洋海区远离战线，逐步降为守备部队的地位。隶属哈尔西的陆军部队和一部分军舰已经移交给麦克阿瑟；海军陆战队和大部分海军部队调给尼米兹。如果再让哈尔西这位作战经验丰富的高级将领留在缩小职权的岗位上工作，未免大材小用了。

对此，库克提出一个解决方案，建议把南太平洋战区司令和第三舰队司令分开，牛顿任战区司令，哈尔西任第三舰队司令，并把第三舰队司令部迁往珍珠港，筹划对帕劳群岛的进攻战。攻占马里亚纳群岛后，由哈尔西担任第五舰队司令。斯普鲁恩斯、特纳、史密斯和米切尔回到珍珠港制订将来的作战计划。他们原来指挥的部队将分别称为第三舰队、第三两栖作战舰队、两栖作战部队第三军和第三十八特混舰队。

5月16日，日军第一机动舰队根据联合舰队5月3日发布的"阿号"作战计划，在婆罗洲（加里曼丹岛）东北、菲律宾西南部的塔威塔威集结完毕。婆罗洲盛产石油，日本舰队调到这里显然是为了就近解决燃料问题，还能靠近预定决战海域。

自从美军潜艇装备了可靠的鱼雷后，就一直发挥着积极作用。它们击沉了从东印度群岛开出的油船，导致日本发生严重油荒。日本海军长期处于燃料匮乏状态，越来越难以实施海上作战。塔威塔威离西加罗林群岛较近，位于"阿号"作战计划预定的决战海域，而且靠近盛产原油的婆罗洲油田。这里出产的原油纯度高，挥发性非常好，若急需燃料，不用加工，舰船就可使用。

5月17日，西南太平洋战区盟军总司令麦克阿瑟指挥所部在新几内亚西部的瓦克德岛和萨尔米登陆。

5月18日，日军联合舰队司令丰田副武命令第一航空舰队为适应"阿号"作战进行展开。

5月20日，鉴于美军第五十八特混舰队前来袭击南鸟岛，丰田副武认为美军正式进攻的时机已经迫近，于是下令实施"阿号"作战计划。

5月下旬，日军第一航空舰队司令官角田觉治将他的司令部设在马里亚纳群岛的提尼安岛，舰队拥有1188架飞机。这是一支实力相当强大的岸基航空部队。

5月22日，丰田副武率联合舰队司令部由东京湾移至濑户内海西部的柱岛锚地。日军将联合舰队司令部置于日本内海可能与山本五十六、古贺峰一两位联合舰队司令官双双在前线丧命有一定的关系。这样一来，在"阿号"作战中，丰田副武就只能躲在国内对小泽治三郎的第一机动舰队进行远程指挥了。

日军"阿号"作战的两大主力，一个是以航空母舰为核心的第一机动舰队，另一个是以岛屿为基地的第一航空舰队（岸基航空兵）。第一机动舰队大部兵力停泊在新加坡附近的林加锚地，少部分停泊在濑户内海西部，在抓紧时间训练。根据联合舰队5月10日发出的准备实施"阿号"作战的指令，林加锚地的部队于5月11、12日先后出发，分别于14、15日抵达菲律宾群岛西南部的塔威塔威群岛；濑户内海的部队5月11日从佐伯湾起航，途经冲绳岛中城湾，于5月16日抵达塔威塔威。

根据日军联合舰队的计划，第一机动舰队的作战方针是："与其他部队特别是与第一航空舰队紧密合作，寻找战机，全力以赴发动猛烈果敢地攻击，一举歼灭美军特别是美军航空母舰部队，粉碎其反攻企图。"

在上述作战方针的指导下，第一机动舰队制定的作战要点如下：

1.5月22日，在菲律宾的待命停泊地完成决战准备，遵照联合舰队命令，将牵制部队推进到乌利西岛或帕劳岛方向，与其他部队合作，想方设法把敌人引入决战海域。

2.接到命令后，务必隐蔽企图，进入菲律宾东部海域，适当时机与牵制部队会合。

3.通过岸基航空部队和先遣部队搜索与接触行动，熟悉敌军，同时保持高度戒备，必要时前出至预期的海域，配合岸基航空部队作战，抢占先机，攻击敌第五十八特混舰队，及时转入决战，并将其击溃。

4.航空作战以白天强袭为主，重点攻击敌军侧翼。

5.与敌军接触时，一定要警惕敌军的侧攻战术和陷阱。在当下岸基航空兵力巡逻警戒不够严密和航空母舰兵力不够强大的情况下，搞清敌情前，应控制一部分进攻兵力。

6.追击战开始后，应全力以赴，排除一切困难，反复攻击逼近的敌军，直至歼灭。利于海上机动作战时，应继续作战，根据情况，令航空队在地面基地展开，或令水上战斗部队出动，进一步扩大战果。

日军第一航空舰队"阿号"作战开始前的编制如下：第六十一航空战队（驻马里亚纳），辖9个航空队，672架飞机；第二十二航空战队（驻加罗林），辖8个航空队，552架飞机；第二十三航空战队（驻澳北），辖3个航空队，68架飞机；第二十六航空战队（驻加罗林、菲律宾），辖3个航空队，240架飞机。按飞机定额计算，包括其他12架在内，共1644架，其实可动用的飞机只有1188架。

第一航空舰队制定的作战要点如下：

1.岸基航空部队的兵力编成3个攻击集团，每个集团配备各种飞机，这样便于行动与集中。

2.为掌握准确的敌情，对敌军前进基地进行抵近飞行侦察。

3.一旦摸清敌军进攻的方向，除留下侦察机外，该方向的攻击兵力应提前转移到其他集团配置地区，以躲避敌军的攻击，然后对敌军实施集中攻击。

4. 与敌航空母舰部队决战前，岸基航空部队至少应击溃敌第五十八特混舰队航空母舰三分之一的兵力，然后与第一机动舰队及其他部队协同，歼灭残余敌舰队。

5 月 27 日，麦克阿瑟指挥的西南太平洋盟军开始在新几内亚西北部海岸外的比亚克岛登陆。日军大本营原来坚持的不能因为比亚克岛战事而影响"阿号"作战的决心，在比亚克岛作战伊始就来了急转弯，突然决定要固守比亚克岛。这样，比亚克岛作战与"阿号"作战一起成了日本陆海军作战的重心。

日军"阿号"作战的核心思想之一是使用岸基航空兵弥补航空母舰兵力的不足。显而易见，无论是美军还是日军，只要以比亚克岛为基地，其轰炸机群就能大大加强己方海军部队在预定决战海域的突击力量。日军大本营认为，不使比亚克岛落入美军手中，对"阿号"作战至关重要。因此，美军进攻比亚克岛一定会引起日军的顽强抵抗。

日军大本营决定实施旨在支援比亚克岛守军作战的"浑号"作战计划。为支援"浑号"作战，日本联合舰队命令岸基航空兵部队向比亚克方向转移。联合舰队首先抽调部署在中太平洋马里亚纳群岛和加罗林群岛等地的航空兵参战。接着，又从本土抽调航空兵，派往新几内亚岛和哈马黑拉岛。同时，日军第一机动舰队从停泊地塔威塔威抽调水面舰艇编队护送开往比亚克岛的日军船队。第一机动舰队司令小泽治三郎的增援方法，与所罗门作战时的"东京快车"颇为相似，即分小批逐次增兵。第一次派出的舰群被美军潜艇和瓦克德岛基地的美军巡逻机发现，为安全起见不得不返航。第二次派出的增援舰群，被美军第七舰队从比亚克岛赶了回去。

日军大本营把第一航空舰队将近半数的飞机（480架）调往比亚克岛方向，从而削弱了后来在马里亚纳群岛作战的兵力。

5月底，美军将菲律宾抗日游击队缴获的"Z行动"影印本寄到珍珠港。太平洋舰队情报处处长莱顿和他的日方专家连夜把文件翻译出来。日本海军称这个计划是对美军具有决定性意义的行动，计划作战的地区一直延伸到马里亚纳群岛－加罗林群岛－新几内亚一线。同时，美军太平洋舰队还获悉，"Z行动"被"A-GO行动"（即"阿号"作战）计划代替，后一个计划只不过是前一个计划的翻版。

尼米兹看了"Z行动"译文后，下令把文件发往集结在马里亚纳群岛附近的所有军舰舰长。美军事先掌握日军基本行动方案，未开战就占了先机。

海战

美军早就盼着跟日本航空母舰交战并一举将它消灭。得知来送死的有1941年12月8日偷袭过珍珠港的两艘航空母舰——"翔鹤号"和"瑞鹤号"，尼米兹按捺不住心中的喜悦对第五两栖军军长霍兰·史密斯说："有朝一日，我在办公桌上看到击沉日军这两艘航空母舰的电报，那将是我一生中最高兴的一天。"偷袭珍珠港的另外4艘航空母舰"赤城号""加贺号""苍龙号""飞龙号"早在1942年6月的中途岛海战中就被美军击沉了。

第五章　冲向马里亚纳

　　米切尔接到斯普鲁恩斯的通报后十分紧张，情况对他太不利了。此时的第五十八特混舰队距日本舰队 657 千米，日本舰载机的战斗半径可达 550 千米以上，而美军战斗机的战斗半径还不到 370 千米。小泽的舰队随时可能在美军航母舰载机的战斗半径之外发起攻击，而美军航母只能被动挨打。

◎ 做好了一切战斗准备

　　截至 1944 年年中，日军在太平洋的实力远远不如以美国为首的盟军。盟军反攻声势不断高涨，准备从中太平洋、西南太平洋两个方向对菲律宾发动大规模钳形攻势。盟军两个方向的实力相当雄厚，无论是海军上将尼米兹指挥的中太平洋战区，还是陆军上将麦克阿瑟指挥的西南太平洋战区，都在争取以各自的战区为主要进兵方向。美军参谋长联席会议虽然在一定程度上倾向于以中太平洋马里亚纳为主要进军路线，但总体上来说从两个方向进军的基本战略是坚定不移的。

　　盟军同时从两个方向进兵，将日军陷入两面作战的被动局面，更可怕的是不知道盟军的主要进攻方向。日军根据自己兵力判断并主观期待麦克阿瑟的西南太平洋方向为盟军主攻方向，希望集中兵力在帕劳附近海域守株待兔，与美军太平洋舰队决战。然而，在"阿号"作战即将打响的时候，意外地遭到盟军从新几内亚比亚克岛方向的冲击。

6月初，美国参加"征粮者"战役（马里亚纳战役）的各编队在马绍尔群岛的马朱罗环礁集结完毕，做好了一切战斗准备。

6月3日，美军的飞机和军舰对马里亚纳群岛及邻近岛屿实施预先炮火攻击。

6月6日，米切尔在旗舰"列克星敦号"航空母舰上率领第五十八特混舰队从马朱罗启航，向西北方向挺进。海上总指挥、第五舰队司令斯普鲁恩斯以"印第安纳波利斯号"重巡洋舰为旗舰随第五十八特混舰队行动。特纳、史密斯指挥的"联合远征军"舰队在后面较远的地方跟进。

与此同时，胡佛指挥的驻马绍尔群岛的岸基航空部队和西南太平洋战区所属的陆军航空兵，对加罗林群岛的各个机场频繁发动攻击，目的是牵制和削弱日军的航空兵力，使那里的日机不能前去支援马里亚纳守军，同时也能保证海上部队的翼侧安全。

大战前，尼米兹和太平洋舰队总部通过各种情报手段掌握了日军第一机动舰队的情况，知道第一机动舰队司令小泽治三郎在日本海军中是个有名的干才，他的舰队由9艘快速航空母舰（美军第五十八特混舰队有15艘），其他舰艇50～60艘，飞机400多架。

在即将开始的马里亚纳海战中，美军的兵力是日军的两倍，飞行员的训练远远超过了日军。

6月9日，日军侦察机飞临马绍尔群岛的马朱罗锚地时，发现近期一直停泊在该地的大批美军舰艇突然消失得无影无踪。联合舰队司令丰田副武推断美军即将开始一次大规模行动。

6月10日，丰田副武下达了准备实施"阿号"作战的命令。

6 月 11 日，宇垣缠奉第一机动舰队司令小泽治三郎的命令，率领"大和号""武藏号"超级战列舰及巡洋舰、驱逐舰在新几内亚正西的巴漳岛集结，支援第 3 次派出的增援比亚克岛的舰群。然而，就在宇垣缠编队抵达巴漳岛的当天，战场形势突然发生变化。美国第五舰队在巴漳岛东北 1800 多千米外的马里亚纳群岛一带，为进攻塞班岛开始进行预先火力准备。

11 日 13 时，美军第五十八特混舰队进抵塞班岛以东约 370 千米海域，并开始派出突击机群空袭塞班岛。塞班岛日军虽已察觉到美军舰队的企图，但没有想到美军舰队行动竟如此迅速，致使大部分飞机来不及起飞就被摧毁，小部分仓促起飞的飞机也被击落。

海 战

与此同时，美军第五十八特混舰队司令米切尔派威利斯·李率领 7 艘战列舰和 11 艘驱逐舰对塞班岛和提尼安岛进行了直接舰炮火力攻击，共发射 1.1 万发炮弹。这些军舰没有接受过对岸精确射击训练，且炮击距离达 4000 米，发射速度又太快，致使炮弹爆炸的硝烟遮掩住了目标，炮击效果很不理想。

6 月 12 日清晨，美军第五十八特混舰队派机群连续轰炸关岛、罗塔岛、提尼安岛和帕甘岛的日军基地。美军空袭进一步加剧，日本基地空军遭到非常沉重的打击。据不完全统计，日本损失的飞机不下 500 架。

6 月 13 日拂晓，美军第五十八特混舰队司令米切尔除以舰载机继续袭击预定目标外，还派小威利斯·奥古斯塔斯·李海军中将率领 7 艘战列舰，在部分驱逐舰的护卫下，对塞班岛、提尼安岛实施了首次舰炮火力准备。第五十八特混舰队第三特混大队 "列克星敦号" 航空母舰的第十六航空兵大队给一些 "复仇者" 式鱼雷机装上火箭弹，开始试验新的战法。

鱼雷机本来是携带鱼雷的。英国皇家空军用飞机携带火箭弹对付德国潜艇已有一年多，但是美国太平洋舰队使用这种武器还处于试验阶段。在飞行中队长罗伯特·H. 艾斯利中校的率领下，这些装上火箭弹的飞机低空滑翔，在 900 ~ 1800 米的距离，袭击了塞班岛阿斯利特机场。在低空滑翔中，艾斯利的飞机和另外一架飞机被日军防空炮火击中，爆炸起火，机组人员全部遇难，另有一架飞机被击伤。

艾斯利是美国海军最出色的飞行员之一，他的无线电通信员、后炮手保罗·达纳也非常出色。他们的战死使航空母舰航空兵军官们相信，火箭发射器除了在极近的距离外，发挥不了什么作用，装在防护脆弱的 "复仇者" 式鱼雷机上显然不合适。从另一方面反映出日军防空火力在过去的一年里有了很大提高。

13日9时，日军联合舰队第一机动舰队主力（除宇垣缠海军中将带去执行"浑号"作战任务的部队）从塔威塔威启航，在航行中突然接到实施"阿号"作战的预先命令。根据联合舰队的指令，小泽治三郎一面率主力继续北进，一面命令宇垣缠率领的第一、第五战队和第二水雷战队迅速归建。

　　日军第一机动舰队从塔威塔威启航不久就被美国"小银鱼号"潜艇发现。天黑后，西南太平洋战区潜艇部队司令拉尔夫·克里斯蒂将这一情况报告了在布里斯班的麦克阿瑟和在珍珠港的尼米兹及在塞班岛外围的斯普鲁恩斯将军。尼米兹据此判断，日军舰队的行动是对第五十八特混舰队空袭马里亚纳群岛的反应。

◎ 日本人下了大赌注

6月14日，美军第五十八特混舰队第一特混大队（辖"大黄蜂号""约克城号""贝劳伍德号""巴丹岛号"等4艘航空母舰以及巡洋舰4艘、驱逐舰14艘）、第四特混大队（辖"埃塞克斯号""兰利号""考佩斯号"等3艘航空母舰及巡洋舰4艘、驱逐舰14艘），在第一特混大队司令克拉克海军少将的指挥下，向北挺进，前去袭击硫磺岛和父岛的机场，切断马里亚纳与日本本土之间的空中联系，阻止日军飞机从北面支援马里亚纳守军，将马里亚纳群岛完全陷于孤立无援的状态。

与此同时，第五十八特混舰队司令米切尔亲率第二特混大队（辖"黄蜂号""邦克山号""蒙特里号""卡伯特号"等4艘航空母舰及3艘巡洋舰、12艘驱逐舰）和第三特混大队（辖"企业号""列克星敦号""普林斯顿号""圣哈辛托号"等4艘航空母舰及5艘巡洋舰、13艘驱逐舰）进至马里亚纳岛链以西海域，准备随时截击可能出现的日军舰队，掩护塞班岛的登陆作战，确保各登陆编队的安全。

14日17时，小泽治三郎率日军第一机动舰队抵达吉马拉斯岛，命令各部队连夜进行补给，次日7时补给完毕。由于缺乏远程作战使用的燃油，只得派2艘油船装载婆罗洲的原油，随机动舰队行动。

6月15日，为了进一步加强"阿号"作战的兵力，日军大本营将海军"压箱子底"的横须贺海军航空部队的大部飞机（约120架）拨给联合舰队。丰田副武将这部分飞机组成八番空袭部队，由松永贞市中将出任司令官，迅速南调硫磺岛，归第一航空舰队指挥，以协同第一机动舰队阻击进攻马里亚纳的美军。这样一来，日本大本营就把当时的岸基航空部队的几乎全部兵力编入了"阿号"作战体制。

8时，日军第一机动舰队主力离开吉马拉斯锚地，当天傍晚穿过菲律宾中部的圣贝纳迪诺海峡，进入太平洋。在穿过圣贝纳迪诺海峡时，被美国潜艇发现。小泽治三郎根据缴获的美军文件以及对马绍尔群岛的空中侦察和被俘美军飞行员的口供，已经掌握了美军第五舰队的一些基本情况。他知道，在水面舰艇方面，美军第五十八特混舰队的兵力是日本第一机动舰队兵力的两倍，而舰载机方面更是在两倍以上。当然，日本飞行员训练不足和技术较差的情况，他也是一清二楚的。实力上的巨大差距，使小泽不得不小心谨慎。他在选择航线时费尽了心机。他和宇垣缠两支部队最后选择的航线，均在阿德默勒蒂群岛马努斯岛美军侦察机的活动半径外，而且在向东航行过程中，始终处于信风的下风，这样便于航空母舰舰载机的起降。他知道，斯普鲁恩斯是一个深谋远虑的指挥官，根据中途岛海战中美军运用的战术，美国第五十八特混舰队一定会在塞班岛登陆地附近海域占据掩护阵位。

当然，小泽治三郎非常清楚他的优势，他要充分利用舰载机的战斗活动半径较大、利于远程突击的特点。他希望在机动舰队舰载机投入战斗前，先由罗塔岛和关岛的岸基飞机实施攻击，至少把第五十八特混舰队和舰载机歼灭三分之一（这也正是第一航空舰队作战计划的核心目标），然后再指挥舰队从美国航空母舰舰载机的战斗活动半径外发起攻击，利用关岛机场进行穿梭轰炸，最终一举歼灭第五十八特混舰队。

小泽治三郎综合各方面的情报，对战场形势大致判断如下：

1. 马里亚纳方面的美国舰队是第五十八特混舰队，大致由 5 个部分组成，以 7 艘正规航空母舰和 8 艘改装的航空母舰共 15 艘为骨干。

2. 在塞班岛登陆的部队只是其中一部分，登陆刚刚开始，大规模的登陆船队迟早会出现。目前仅看到部分大型航空母舰及护航航空母舰出现在马里亚纳群岛东方一带海域，决战前后可能有相当数量的舰艇来到马里亚纳群岛附近一线。

3. 美国人已经发觉日军第一机动舰队的行动，估计将在马里亚纳群岛一线西面配置二分之一到三分之一的兵力。

4. 美国人将在马里亚纳群岛一线附近部署全部兵力的三分之二（航空母舰 10 艘左右）。目前，从美军的进攻情况来看，这些兵力向西挺进的距离不会太远，估计可能在 550 千米左右。

根据以上判断，小泽判断决战时间将在 19 日前后，决战海域为马里亚纳群岛一线以西 550 千米海域。据此，小泽决定在 6 月 19 日黎明前进抵马里亚纳群岛一线以西约 550 千米的海域。他认为，选在此时此地决战有利于最大限度发挥第一机动舰队和第一航空舰队的战斗力，还考虑到了第一机动舰队的活动能力和燃料问题。

15日傍晚，日军第一机动舰队刚驶出圣贝纳迪诺海峡就被美军"飞鱼号"潜艇发现了。1小时后，美国潜艇"海马号"报告："在苏里高海峡以东200海里（约370千米）处，有一支日军战列舰－巡洋舰部队。"在此之前的6月10日晚上，美国"鲻鱼号"潜艇曾报告："有一支日军战列舰－巡洋舰部队驶离塔威塔威向南航行。"实际上，这支战列舰－巡洋舰部队就是宇垣缠率领的部队。

美军第五舰队司令斯普鲁恩斯据此断定："海马号"发现的战列舰－巡洋舰部队就是"鲻鱼号"10日晚发现的"驶离塔威塔威向南航行的"那支部队。斯普鲁恩斯很想弄清日军究竟派出了几支海上部队。根据潜艇报告，只知道日军至少有两个相离甚远的大编队正在向马里亚纳方向开进。日军这两个编队会合成一个大编队还是像过去一样单独行动，一时难以判断。不管怎样，有一点是可以肯定的，日军准备进行一场孤注一掷的海战，最少是发动一场旨在迟滞美军向西太平洋地区推进的大战。

◎ 登上塞班岛

美军的登陆作战首先从塞班岛开始。塞班岛在马里亚纳群岛中部，位于北纬 15° 15′，地处热带，全年都是夏天，终年鲜花遍野，被誉为"南海乐园"。它距东京 2250 千米，是马里亚纳群岛的主要岛屿，面积约 457 平方千米，岛上多丘陵。这个岛原来是一个珊瑚礁，后来因水底火山爆发，才把它抬升到海面上成为海岛。受火山运动的影响，地面崎岖不平，到处都是高山深谷、岩洞和天堑。

塞班岛不同于夸贾林环礁那样的平坦小岛，它面积较大，地形复杂，单凭炮击很难登陆。另外，塞班岛靠近日本本土，美军此次登陆一定会遭到日军的猛烈反击。如有可能，最好一鼓作气，全歼守军，迅速攻占全岛。登陆部队必须以猛烈的突击夺取正面宽大、有一定纵深的登陆场，以便迅速占领机场，进而占领全岛。

塞班岛是日军在中太平洋地区的防御中心，是马里亚纳群岛中最重要的基地，所以日本海军太平洋中部方面舰队司令部（司令官南云忠一海军中将）、日本海军第五基地司令部（司令官过村武久海军少将）、日本陆军第三十一军司令部（司令官小畑英良陆军中将）、马里亚纳北部集团司令部（司令官第四十三师团师团长斋藤义次陆军中将）都设在塞班岛上。

防守塞班岛的日本海军兵力为第五十五警备队、横须贺第一海军陆战队共1.5万人，配备各种火炮49门、坦克10辆；陆军兵力为步兵第四十三师团主力、独立混成第四十七旅团、坦克第九陆战联队、独立山炮第三陆战联队、高炮第二十五联队、独立工兵第七联队共2.75万人，配备各种火炮211门、坦克39辆。从1944年春起，日军大本营便开始向塞班岛增派兵力。守岛主力部队第四十三师团于1944年4月编入第三十一军，5月19日由日本本土抵达塞班岛。

由于日军太平洋中部方面舰队司令南云忠一不干预陆上作战，第三十一军司令官小畑英良因督促作战准备工作前往关岛，所以塞班岛的抗登陆作战实际上是由集团军参谋长井桁敬治少将和第四十三师团师团长斋藤义次中将指挥的。

从日军在马里亚纳方面的兵力部署看，并没有完全做好迎击美军进攻的准备。第三十一军的兵力部署虽基本完成，但仍有一些部队没有完全展开。这一点，从小畑英良将出巡视察的时间安排在6月中旬可以看出来。岛上的日本陆海军指挥官大都认为，美军在马里亚纳登陆的时间可能在7月以后。事实上，第三十一军的作战准备工作也是在6月末大致完成目标的。塞班岛地面战斗的骨干兵力第四十三师团（辖第一三五、第一三六、第一一八联队）主力于5月19日到达，对新配属的部队还没有完全掌握。其中运送第一一八联队的船队于 5 月 28 日从横滨出港，途中于 6 月 4 日和 5 日遭到美军潜艇袭击，联队长以下 2240 人及主要装备沉入海底，只有 1000 人被海军救出，于 6 月 7 日登上塞班岛。另外，第四十三师团 1 个大队被调往提尼安岛。这样，在塞班岛的第四十三师团实际战斗力下降到 6 个大队左右。

当美军在塞班岛登陆的时候，滩头和暗礁都还没有来得及布雷，要塞的工程只完成一半，重型海岸炮放在外面，还没有架设起来，至于永久性防御工事更无从谈起。在整个塞班岛上没有形成一个有组织的纵深防御体系。日军塞班岛采取的是滩头歼敌方式，构筑的阵地靠近海岸，在美军舰炮火力轰击下，阵地遭到相当严重的破坏。

6 月 16 日拂晓，驻守塞班岛的日军对美军第四陆战师第二十三团的防区进行了有组织的反击，结果迫使该团防线一段后退 300 多米。天亮后，美军就将日军击退。日美两军在滩头一线苦战一天，美军进展不大。到夜幕降临的时候，美军仍然没有完全占领滩头正面的山脊。

16 日 15 时 30 分，离开巴漳岛后向东北方向开进的日军宇垣缠分舰队在帕劳岛北方（北纬 12°、东经 131°）海域与小泽治三郎率领的第一机动舰队主力会合。

与此同时，美军第五十八特混舰队第一、第四特混大队继 15 日后再次空袭了硫磺岛、父岛、母岛，击毁日军飞机 80 架，拥有 120 架的八番部队实力大减，美军仅损失了 4 架飞机。

16 日 17 时 10 分，克拉克率领的第五十八特混舰队第一、第四特混大队开始南返，并于 18 日中午在提尼安岛以西约 270 千米处与第五十八特混舰队第二、第三特混大队会合。

16 日夜，日军对登陆塞班岛的美军再次发动夜袭。这次夜袭，日军主力仍然以加腊潘为出发基地，使用中型坦克开路。日军的所谓"中型"坦克其实相当于美国的轻型坦克，绝不是美国谢尔曼中型坦克的对手，步兵武器，如火箭筒、枪榴弹、37 毫米战防炮都可以击毁它，甚至在某种角度下，连机枪和普通步枪都可以穿透它的装甲。

日军这次使用的坦克战术极为古怪，每次出动三四辆，没有必要的步兵支援，很快就被美军各个击破。这种战术使日军蒙受了许多不必要的损失。虽然日军夜袭的打击力量几乎整个落在美军第二陆战师第六团第一营 B 连一个连的头上，但是这一个连仍然足以单独击退日军的攻击。这是日军兵力分散的结果。到 17 日拂晓，美军的坦克和半履带式车辆开上前线，开始扫荡日军残部，发现在这个狭小的地区有 31 辆日本坦克被击毁。

两天以来，美军的伤亡人数超过 3500 人，约占整个塞班岛登陆战役全部死伤人数的 20%。由于日军炮兵的数量很大，对美军坦克构成严重威胁，所以坦克已经没有多大用处。美军陆战队的所有预备队已经上岸参战。战斗再继续下去，就有丧失主动的危险。

一个奇怪的现象让美军困惑不解，甚至心生恐惧。当他们攻入日军阵地后，发现日军遗弃的尸体非常少。根据以往的经验，在如此惨烈的战斗中，日军同样伤亡惨重。后来，美军才发现了真相，日军把尸体运到后方，有的地方积尸如山。这显然是日军的一种心理战。美军眼见自己伤亡惨重，而对手几乎没有什么伤亡，难免心生恐惧。在后来的作战中，日军多次使用这种手段，美军已经见怪不怪了。

◎ 升起"Z"字旗

6月16日，美军第五舰队司令斯普鲁恩斯将第五两栖舰队司令兼第五十二特混舰队司令特纳和第五两栖军军长史密斯召到自己的旗舰"印第安纳波利斯号"开会。研究决定，推迟原定于6月18日进攻关岛的计划，用于进攻关岛的部队暂时向东撤至安全水域，所有部队以做好对付日军舰队来袭为当务之急。为此，决定临时从"联合远征军"的舰炮火力支援群中抽调重巡洋舰5艘、轻巡洋舰3艘、驱逐舰21艘，归第五十八特混舰队指挥，用来加强其海上警戒；命令特纳的老式战列舰在塞班岛以西46千米的海域占领阵位，掩护登陆地域。同时，命令克拉克海军少将率领的第五十八特混舰队第一、第四特混大队在完成空袭硫磺岛的任务后，迅速南返，与另外两个特混大队会合，以便集中兵力对付来袭之敌。

会议结束后，斯普鲁恩斯乘"印第安纳波利斯号"旗舰从塞班岛附近海域向马里亚纳群岛以西海域驶去，以便恢复其在航空母舰特混舰队中的位置。

斯普鲁恩斯根据潜艇的报告，知道日本海军联合舰队有两支编队正向马里亚纳海域驶来，目的是寻找美国航空母舰决战。一场海上大战就在眼前。为此，他决定把原定于 6 月 18 日在关岛登陆的计划推迟。马里亚纳海战、塞班岛登陆作战结束后，斯普鲁恩斯才决定美国"联合远征军"南部登陆编队于 7 月 21 日在关岛登陆的。

6 月 17 日，美国"棘鳍号"潜艇在菲律宾与马里亚纳之间的海域同日军发生两次接触，表明日本舰队正在继续向马里亚纳开进，并特意将舰队置于阿德默勒蒂群岛和新几内亚岛盟军侦察机的活动范围之外。斯普鲁恩斯根据潜艇的报告，只知道这是小泽治三郎率领的日本机动舰队的主力，这支舰队究竟是不是日军出动的全部兵力，仍然不清楚。这时，太平洋舰队潜艇部队司令洛克伍德将军率领 4 艘潜艇，正在塞班岛以西 833 千米的一片 205 平方千米的海域巡逻。他下令潜艇向西南方向移动 460 千米，以挡住日军舰艇的路线，并向所有的潜艇下达命令："敌情已经出现。你们要先打后报告。因海上有自己的部队，一定要判明情况才能开火。"

然而，自"棘鳍号"潜艇同日军遭遇后，美军潜艇再没有发现日军舰队的踪迹，飞机也没有发现日军舰队。大战即将开始，日军却不知了去向，斯普鲁恩斯自然焦急万分，米切尔也是坐卧不安。

正午刚过，小泽治三郎率领的第一机动舰队接到日军联合舰队司令丰田副武的电令："攻击马里亚纳地区之敌，歼灭敌登陆部队。"

14 时，美军第五舰队司令斯普鲁恩斯向第五十八特混舰队司令米切尔下达作战指令：1. 先摧毁敌航空母舰，再攻击其战列舰、巡洋舰；2. 敌人继续求战，则以火炮为主的军舰与其进行水面舰队之间的海战；3. 敌若撤退，则全力追歼。

斯普鲁恩斯没有对第五十八特混舰队实施战术指挥，他指示米切尔："对一般命令，可根据需要自行下达。"不过，他希望米切尔能把行动意图事先向他报告。

15 时 30 分，日军第一机动舰队完成了海上加油，补充的是婆罗洲挥发性非常好的原油，完成了最后战斗准备。小泽治三郎决定于 19 日黎明，进抵塞班岛西方，先击溃美军大型航空母舰群，然后全力消灭美军第五十八特混舰队和登陆部队。小泽命令补给部队向西撤离，自己率领第一机动舰队以临战态势向东航进，同时发出激励士气的信号："机动部队现在开始进击，搜寻敌人并将其歼灭。天佑神助，望全体官兵奋勇杀敌！"

不久，小泽就接到丰田副武发来的电报："皇国兴废，在此一战，全体将士务须全力奋战！"小泽将这一电报通报全体官兵，并在旗舰"大号"航空母舰主樯上升起"Z"字旗。"Z"字旗是 30 多年前对马海战中，日本海军"军神"东乡平八郎在其旗舰"三笠号"战列舰上升起的战旗。从此以后，"Z"字旗便成为日本海军胜利的象征。小泽这样做是想借这面旗帜鼓舞士气。

小泽决定将日军第一机动舰队分为 3 个航空战队：第一航空战队由他亲自指挥，共 3 艘大型航空母舰、4 艘巡洋舰和 12 艘驱逐舰、214 架舰载机；第二航空战队由城岛高次率领，共 1 艘大型航空母舰、2 艘轻型航空母舰、1 艘战列舰、1 艘巡洋舰和 7 艘驱逐舰、135 架舰载机；第三航空战队为前卫舰队，由栗田健男指挥，共 3 艘轻型航空母舰、4 艘战列舰、9 艘巡洋舰和 12 艘驱逐舰、90 架舰载机。第一和第二航空战队在第三航空战队后方约 180 千米处跟进。各部队均以航空母舰为核心排成环形队形。

小泽计划利用日军飞机作战半径大于美军飞机的优势，与美军舰队保持一定距离，先以马里亚纳群岛的岸基航空兵攻击美军，再以航空母舰舰载机从超远距离起飞，攻击完毕在马里亚纳群岛机场降落。

小泽对敌情的判断是准确的，作战预案考虑得也比较周到。然而，在即将展开的决战中最让小泽失望的是在机动舰队投入战斗前先由角田觉治的第一航空舰队至少歼灭第五十八特混舰队三分之一的兵力设想落空。马里亚纳群岛对于日本本土的防卫来说，是太平洋上的一道防波堤。正因如此，日本海军才将花了一年多时间东拼西凑建立起来的第一航空舰队（又称第五岸基航空部队）的主力作为决战兵力部署在这里，以便在马里亚纳方面发动"阿号"计划时，承担重要作战任务。

深夜，正当小泽率部向东航进时，接到联合舰队电报，得知在塞班岛以西约 660 千米处出现敌我不明的舰载机。小泽据此判断美军的第五十八特混舰队确已进至马里亚纳岛链以西，也许翌日就有可能开火。

这一天，塞班岛美军登陆部队的情况大为改观。在舰炮、护航航空母舰舰载机的支援下，登陆部队以坦克和火炮开路，开始扩大登陆场。整个前线，美军都在不断地向前推进。第一道攻击目标已经完全控制住，在这条战线之外还占领了一些重要地点。到 6 月 18 日黄昏，第二十五陆战团从西到东已经穿插到塞班岛南部东海岸马吉申内湾，切断了塞班岛东南部日军与主力的联系。美国海军陆战队准备转向北进，横扫塞班岛北部。

美国海军陆战队开始北进的时候，肃清塞班岛东南部日军的任务由第二十七步兵师来完成，它的两个团已经上岸。第一六五步兵团于 6 月 18 日占领了岛上最大的机场——阿斯利特机场，继续向东南海岸前进。第一〇五步兵团进至第一六五团右面，将日军压缩到塞班岛最南端的纳富丹角狭小的地区。这里地形险恶，丛林密布，美军进展迟缓。经过几天苦战，残余日军完全被围困在纳富丹角临近海岸的一个高地上。美军第二十七步兵师留下第一〇五团第二营监视残余日军，主力和第一六五、第一〇六团迅速北上，加入进军北部的作战行列。

◎ 一个大意，一个慎重

6 月 18 日清晨，小泽治三郎接受中途岛海战的教训，增派飞机对以东海面加强空中侦察，并慎重选择机动舰队的航线：先向东北，继而向南，后转向东南，以 20 节航速前进。

中午，待美国第五十八特混舰队的 4 个大队会合后，司令官米切尔决定组成一个临时特混大队，以备随时对付可能出现的日本大型军舰。他从各特混大队抽出重巡洋舰 4 艘、驱逐舰 14 艘，加上直辖的快速战列舰 7 艘，组成了一个新的特混大队，由李海军中将担任指挥。这样一来，美国第五十八特混舰队就由 4 个大队变成了 5 个大队，共有航空母舰 15 艘、战列舰 7 艘、巡洋舰 24 艘、驱逐舰 74 艘。15 艘航空母舰舰载机为：战斗机 475 架、轰炸机 232 架、鱼雷机 184 架，共 891 架飞机。此外，还有战列舰、巡洋舰携带的水上侦察机和侦察校射机共 65 架。美军的 5 个大队均采用利于防御的环阵队形向西推进。为了保证海上机动的自由，各大队之间保持 22 ～ 27 千米的距离。第五十八特混舰队全天向西推进，并派出侦察机搜索，却没有发现任何目标。

18日下午，小泽治三郎派出的侦察机终于发现了美军第五十八特混舰队正在塞班岛以西约370千米的海域活动。小泽根据侦察机发回的报告，知道在东面偏北约740千米处有一支美军航空母舰部队，无奈天色已晚，飞行员大多没有受过夜战训练，于是没有急于下令飞机出击，而是马上调整部署，准备次日发起攻击。

此时，日军第一机动舰队辖第一、第二、第三航空战队，第一航空战队以"大凤""翔鹤""瑞鹤"等日本仅有的3艘大型航空母舰（舰载机共214架）为主体，由4艘巡洋舰、12艘驱逐舰担任护卫；第二航空战队以"隼鹰""飞鹰""龙凤"等3艘航空母舰（舰载机共135架）为主体，由战列舰"长门号"、1艘巡洋舰、7艘驱逐舰担任护卫；第三航空战队以"千代田""千岁""瑞凤"等3艘航空母舰（舰载机共90架）为主体，由4艘战列舰（"大和""武藏""金刚""榛名"）、9艘巡洋舰、12艘驱逐舰担任护卫。这3个航空战队共有航空母舰9艘、战列舰5艘、巡洋舰14艘、驱逐舰31艘。9艘航空母舰上有舰载机共439架（编制定额为450架），其中战斗机234架、轰炸机119架、攻击机86架。另外，各战列舰和巡洋舰还有水上侦察机和侦察校射机共40架。

为了能在美军飞机作战半径外安全过夜，小泽治三郎率领第一、第二航空战队向南退避，只令第三航空战队向东前进。小泽的企图是，如果第三航空战队能吸引美军飞机来袭，第一、第二航空战队就可乘机从侧面袭击美国航空母舰部队。正是为了实现这种战术，才将所属战列舰和巡洋舰大多数编入第三航空战队，以提高它的对空防御能力，在第三航空战队遭到美军第五十八特混舰队舰载机突击时，依靠自身强大的对空炮火打破美军的首次突击。

小泽的部署有一定的道理，但是如同中途岛海战中一样，各个编队配置得过于分散，以致不能相互支援，而大型航空母舰的防潜能力比较薄弱，难以对付可能出现的潜艇攻击。结果，在随后而来的战斗中，3 艘大型航空母舰中有 2 艘被美军潜艇击沉。

18 日晚，美军第五十八特混舰队司令米切尔仍未收到任何敌情报告，便遵照第五舰队司令斯普鲁恩斯关于"昼间西进，夜间东撤，以防日军夜间偷袭登陆编队"的指示，命令进至塞班岛西南偏西 500 千米处的第五十八特混舰队东撤。

18 日夜，小泽治三郎终于打破无线电静默，与第一航空舰队开始通话。原来，日军飞机已经在 17 日查明了活动在马里亚纳群岛西边的美国第五十八特混舰队。小泽此举正是为了把美国第五十八特混舰队的位置通知给第一航空舰队司令官角田觉治，并与他协调第二天的协同行动。此前，角田觉治的岸基航空兵已经基本被美军摧毁，但他夸大美军损失，以致小泽仍然对他寄予厚望。

小泽冒险打破无线电静默，不仅没有达到预期目的，反而被位于珍珠港太平洋舰队总部的高频测向台发现了他的位置。美军太平洋舰队司令尼米兹马上通报斯普鲁恩斯："日军第一机动舰队的位置为北纬 13°、东经 136°，距离关岛 1100 千米。"

米切尔接到斯普鲁恩斯的通报后十分紧张，情况对他太不利了。此时的第五十八特混舰队距日本舰队 657 千米，日本舰载机的战斗半径可达 550 千米以上，而美军战斗机的战斗半径还不到 370 千米。小泽的舰队随时可能在美军航母舰载机的战斗半径之外发起攻击，而美军航母只能被动挨打。米切尔认为，与其等着挨打，不如主动出击，认为次日清晨发起攻击最为有利。

此时，日军的警惕性最低，并且到太阳升起时日军处于逆光作战，由于美军舰载机的作战半径不到 370 千米，所以美军舰队必须驶进有效攻击距离，必须利用天亮之前的几个小时加速向西航进。如果拂晓后才开始西进，将会贻误战机。如果在美军航母舰载机起飞时，日机来袭将不堪设想。因为舰载机必须逆风起飞，由东向西刮的信风使美军的航空母舰只有一种选择：迎敌时由东向西，作战时调转航向，由西向东。这正是日本舰队求之不得的。另外，米切尔还担心自己的舰队与马里亚纳群岛之间的距离越小离马里亚纳群岛日本岸基航空兵基地越近，就越有可能遭到日军岸基航空兵和舰载航空兵的两面夹击，而且还有可能遭到日本航母舰载机的穿梭轰炸。

米切尔决心已下，用无线电向斯普鲁恩斯建议："第五十八特混舰队拟于明日凌晨 1 时 30 分西进，以期在 5 时对敌发起突击。"对于米切尔的建议，斯普鲁恩斯犹豫不决。他同随行参谋人员研究了一个多小时，反复考虑了各种情况，最后决定：还是慎重为好。午夜稍过，斯普鲁恩斯答复米切尔："你的建议不宜采纳。切实查明日军第一机动舰队的具体位置前，暂勿西进。"

斯普鲁恩斯这样做是正确的。对日军航空母舰部队发动毁灭性打击，也是斯普鲁恩斯的迫切愿望，但是他的任务是："攻占与防守塞班岛、提尼安岛和关岛。"一切行动均应服从这一最为重要的目标。在这种大前提下，第五十八特混舰队基本上是一支掩护兵力。它的主要任务是掩护塞班岛的登陆地域和两栖作战部队，而不是主动攻击日本舰队，何况此时仍不清楚日本到底有几支海军编队在向马里亚纳方向开进，所以必须防范另一支日军舰队乘机迂回到侧翼袭击塞班岛登陆地域的大批舰船。

鉴于日军在珊瑚海海战、中途岛海战和瓜达尔卡纳尔岛海战中常常采用翼侧突击战术，斯普鲁恩斯在动用自己的兵力时，必须要充分考虑到这一点。一些参谋认为，日军若用迂回战法，不难被美军侦察机发现，也不难用轰炸机将其击败。斯普鲁恩斯不同意这种看法。

关于日军第一机动舰队的位置，斯普鲁恩斯同时得到两个不同的情报：一个是潜艇报告的，比实际位置向东偏了很远；另一个是尼米兹根据珍珠港高频测向台截收电波向他通报的。两个情报相互矛盾，使斯普鲁恩斯很难断定日军第一机动舰队的实际位置，他甚至怀疑珍珠港高频测向台所发现的目标是一个假目标。

这一天，美军宣告第一阶段塞班岛登陆作战结束。美军 4 天的作战出乎意料地艰苦，共伤亡 4856 人，包括 6 位营长。有些攻击部队的伤亡比例高达 60% 左右。日军在这 4 天的战斗中，不仅没有把美军赶下海，反而被逼得节节后退，被迫撤出据点。然而，日军的战斗意志依然高昂，一直打到最后，士气都没有垮。

第六章　规模最大的航母对决

日军"大凤号"和"翔鹤号"两艘大型航空母舰这么快就被美军潜艇击沉，对日军来说是个严重的打击，其意义仅次于日军第一机动舰队舰载机在交战中被消灭。给攻击美国舰队后返航的日本机群造成了很大困难，它们找不到可降落的飞行甲板。

◎ 超距突击

6月19日3时，日军第一机动舰队司令小泽治三郎下令3个航空战队掉头向东北航行。第三航空战队担任前卫，第一、第二航空战队在第三航空战队后面约185千米处跟进。日军本第三航空战队分为3个大队，并列前进。各大队均以1艘航空母舰为核心，其他水面舰只担任护卫，组成环形队形。第一航空战队的3艘航空母舰排列成"人"字队形行进，其他舰只在其周围排成环形警戒；第二航空战队以同样队形在第一航空战队的左侧稍前15千米处行进。

3时30分，小泽命令第一机动舰队各航空战队派出水上侦察机和航母舰载机40余架搜索前进。拂晓，日军第一机动舰队300余架飞机在航空母舰上待命起飞，准备攻击美军第五十八特混舰队。

为了避免遭到日军的两面夹击，美军第五十八特混舰队司令米切尔派出30多架性能优越的F-6F型战斗机群空袭了关岛基地的日军机场。F-6F型战斗机，又称"恶妇"式战斗机，是美国海军新式舰载机，1942 年投产，由格鲁曼公司制造，单座、单引擎，最大时速 598 千米，最大载荷航程 2405 千米，升限 11369 米，装备 12.7 毫米口径机枪 6 挺和 20 毫米口径航炮 4 门，于 1943 年 8 月在"约克城号"航空母舰上首次投入战斗。二战期间，美国共生产 12272 架，主要用于太平洋战场对日作战。"恶妇"式战斗机飞行速度和火炮能力均优于日本的"零"式战斗机。

当时关岛机场上的日军飞机正准备袭击米切尔的航空母舰部队，在行将起飞时突然遭到美军"恶妇"式战斗机的袭击，大部被歼。之后，米切尔的飞机又转向南飞，袭击了从特鲁克赶来增援的 19 架日军飞机。此役，美军以 33 架"恶妇"式战斗机击毁日军 30 架战斗机和 5 架轰炸机，从而使日军再没有岸基航空兵参加马里亚纳海战。

5 时 55 分，日军第一机动舰队舰载机发现了美军舰载机。

6 时 45 分，日军第一机动舰队相继收到数架飞机的报告：在塞班岛、关岛以西发现美军航空母舰部队。小泽治三郎判断，美军航空母舰部队在东北方向距前卫部队 550 千米，离本队将近 740 千米，这是实施"超距突击"最理想的态势。

"超距突击"是日本海军的传统战法之一。这一术语来源于炮兵，其基本意思是，使用比敌人射程远的火炮，在敌炮兵射程之外攻击敌人。在第一机动舰队组建之初，小泽治三郎就开始研究适合日本海军现状的一些作战理论及战法，后来他将"超距突击"作为基本战法。其要点为：1. 基地出击时，一定要尽量隐蔽企图；2. 接敌时，一定要全面掌握敌情；3. 同岸基航空部队密切配合，尽可能与其协同攻击；4. 主要攻击目标为敌航空母舰部队；5. 实施昼间航空战，即以舰载机于昼间进行强攻；6. 主要从敌军翼侧先发制人，之后是特殊攻击和超距突击。

小泽治三郎之所以明文规定实施昼间强攻，主要是因为日军飞行员的技术水平比较低。一般情况下，航空兵进行拂晓攻击的效果要比昼间攻击好得多。然而，实行拂晓攻击，必须在夜间起飞，这对飞行员飞行技能要求很高。日军在偷袭珍珠港时曾想过实施拂晓攻击，后来考虑到一部分飞行员的飞行技能不高，只好改为昼间攻击。后来的中途岛、瓜岛等大战中，日本航空母舰上的优秀飞行员几乎消耗殆尽。对日军而言，拂晓攻击意味着死亡和失败。

所谓"特殊攻击"，是以战斗机挂载炸弹进行轰炸。中途岛海战后，日本联合舰队就曾提出过这种设想。后来在圣克鲁斯群岛海战中，日军参战的战斗机大部得以返航，而舰载轰炸机却损失殆尽，在万不得已的情况下才提出使用战斗轰炸机的方案。1943 年年末，日军第二航空战队在特鲁克进行了战斗机挂载 60 千克炸弹实施轰炸的训练。到 1944 年春，为了提高航空母舰的攻击能力，又开始以小型航空母舰搭载战斗轰炸机，最初也是使用 60 千克炸弹组织训练。同时，抓紧时间改装这种挂载炸弹的战斗机，将其称为战斗轰炸机，或称 21 型"零"式战斗机。

此次战役担任前卫的第三航空战队就是以战斗轰炸机为其主力。第二航空战队有 27 架战斗轰炸机，第一航空队也有一部分。这样一来，"特殊攻击"就成为整个日军第一机动舰队的重要战法之一。

小泽认为美军舰队已经钻到第一机动舰队和马里亚纳岛链之间，形势非常有利，完全可按预先设想的战法出击，于是下令各航空战队出击。

19 日清晨，美军第五十八特混舰队一面派出飞机压制关岛和罗塔岛的日军飞机，一面向西南行进，准备以其主要兵力随时迎击日军第一机动舰队的攻击。

7时25分，中本道次郎上尉率领日军第一机动舰队第三航空队第一突击机群64架战机，以6000米高度向东飞去。此时，美军第五十八特混舰队正向西南行进。10时左右，美军的雷达荧光屏上发现了中本指挥的第一突击机群，相距270千米。美军舰队继续前进20分钟后，转向东迎风航行，同时"恶妇"战斗机起飞。这时，袭击关岛的美军飞机已经返航，不久要登舰加油和补充弹药，需要腾出飞行甲板。于是，米切尔命令甲板上所有的鱼雷机和轰炸机升空。考虑到日本航空母舰还有一段距离，命令升空的鱼雷机、轰炸机向东规避到安全待命距离。

美军"恶妇"战斗机

美军"恶妇"战斗机升入7600米高空，在作战情报中心的战斗机控制官引导下，利用一种性能优良的电波指示器，沉着迎敌。当日军飞机在距美军航空母舰部队130千米的空域变换队形时，美军飞机居高临下对日军飞机进行俯冲攻击，一举击落日军飞机25架。虽有数架日军飞机飞临美国航空母舰部队上空攻击了警戒军舰，但受到高炮的猛烈还击，投弹效果不佳。只有一颗炸弹击中"南达科他号"战列舰，炸死27人，炸伤23人，没有对该舰造成什么大的损失；另一颗炸弹在"明尼阿波利斯号"重巡洋舰附近爆炸，未对该舰造成损伤。

　　日军的64架飞机非但没有一架抵近美军航空母舰，反倒被美军击毁41架，只有23架返航。出击的美军飞机除1架外，全部返回航空母舰。

　　与此同时，美军"大青花鱼号"潜艇发现空中掠过日军飞机，艇长布兰查德海军中校知道日军航空母舰就在附近。8时左右，布兰查德发现日军航空母舰及其警戒舰只。"大青花鱼号"遇上的正是第一机动舰队的旗舰"大凤号"航空母舰。"大凤号"航空母舰是日本3个月前刚完工的一艘大型航空母舰，排水量2.93万吨，水线长253米，航速33.3节，装有抗毁性强的厚钢板，起降甲板可以抵抗500千克炸弹，可携载舰载机53架。

　　此时"大凤号"上的第一突击机群正在起飞。"大青花鱼号"潜艇悄悄靠近目标，鱼雷齐射。6枚鱼雷飞向日舰，随后马上下潜，以防深水炸弹袭击。"大青花鱼号"艇长布兰查德以为没有击中目标，所以就没有向上级报告。其实，"大青花鱼号"创造了惊人的战绩，它发射的一枚鱼雷被日军第一航空战队第一突击机群的一架轰炸机撞炸。另一枚鱼雷，就在最后一架飞机刚刚呼啸着冲出"大凤号"巨大的飞行甲板的时候，击中了"大凤号"的前升降机。"大凤号"航空母舰剧烈地摇晃起来，成千吨海水从舰前右舷的窟窿涌进舰舱，但这艘巨舰仍能以 26 节的速度行进。

小泽治三郎庆幸躲过了一劫，继续指挥作战。舰桥上的人谁也没有想到，在封闭的水密舱里，挥发的油气越聚越浓，一颗定时炸弹正在舰体深处悄悄形成。

◎ 海上大对决

8时05分，深川静夫上尉率领日军第一机动舰队第一航空战队的第一突击机群128架向美军舰队发起攻击。其中一架轰炸机刚刚升空，就看到海面上出现驶向小泽旗舰"大凤号"航空母舰的潜射鱼雷航迹，飞行员按下机头俯冲，在鱼雷抵达目标前将其撞炸，飞机自毁。35分钟后，日军飞机飞过其前卫第三航空战队上空时遭己方误击，被击落2架。

日军飞机遭到美军"恶妇"式战斗机拦截，损失近半。其余日军飞机突防成功，飞临美军航空母舰部队上空，发动攻击。美军第五十八特混舰队第二特混大队"邦克山号"航空母舰被2颗炸弹炸伤，死3人，伤73人，飞机升降机和机库供油管路被炸坏，引起大火。一架日军飞机撞到第二特混大队旗舰"印第安纳号"战列舰的舰舷上，未造成严重损伤。这批日军飞机有99架未能返航，还有2架轰炸机返航时在机动舰队的前卫第三航空战队附近海面迫降。

8 时 40 分，日军第二攻击机群经过日本前卫第三航空战队时，被误认为美军飞机，遭到攻击，损失 2 架飞机。9 时，石见丈三少佐率领日军第二航空战队的第一突击机群 49 架飞机，向美军第五十八特混舰队发起攻击。其中 16 架战斗轰炸机、4 架"零"式战斗机升空后，未能与石见丈三会合便自成一队向指定方向飞去，后未找到攻击目标，于 14 时返回航空母舰。9 时 30 分，指挥所通知石见丈三改变攻击目标，石见丈三率领机群于 11 时 45 分飞抵新目标区后没有发现敌情，又转向原目标区飞去。途中，于 12 时与 40 多架美军战斗机遭遇。日军攻击机、"零"式战斗机各 1 架以及 5 架战斗轰炸机被击落，余者避开美军飞机返回航空母舰。

小泽治三郎根据返航飞行员的报告进行综合分析后认为，前 3 次出击的飞机已经击伤美军 5 艘航空母舰、1 艘巡洋舰，战绩可喜，于是命令各航空战队派出其余的全部飞机。

日军第一航空战队的第二突击机群 18 架飞机于 10 时 20 分出击，途中受到截击，被击落 9 架，1 架攻击机回到本战队附近坠入海中，其余飞机返航。第二航空战队的第二突击机群 50 架于 10 时 15 分出击，在指定海域没有发现目标，便按预定计划飞往关岛。15 时，在即将飞临关岛上空时，遭到美军战斗机拦截，被击落 26 架。勉强降落到关岛机场的 20 余架飞机严重受损，无法修复。

日军第二航空战队的第三突击机群 15 架于 10 时 30 分出击，飞到预定海域没有发现目标，便以 45 度航向搜索，于 13 时 40 分发现美军第五十八特混舰队第二特混大队。此时，第二特混大队正在回收出击的飞机，日机立即进入战斗航向，开始投弹。美军航空母舰"邦克山号"再次被 1 颗炸弹击中，受到轻微损伤。日军损失 5 架轰炸机、4 架战斗机。日军第三航空战队离攻击目标最近，由于忙于回收各航空战队返航的飞机，没有组织第二突击机群出击。

日本第一机动舰队经过 4 次空战，439 架航母舰载机中损失了一半，另外还损失了至少 100 架岸基飞机。这一天，日军共损失飞机将近 400 架，这也是日军在整个太平洋战争中，损失飞机最多的一天。美军飞行员把这场截击日军飞机的战斗比作猎取火鸡，从此这场海上空战就被称为"猎取马里亚纳火鸡空战"。

由于日军舰队处于美军航空母舰舰载机的攻击范围之外，加之美军航空母舰以掩护登陆部队为第一任务，没有攻击日军航空母舰的机会，但美军潜艇却出人意料地击沉了 2 艘日本大型航空母舰，从而为这次海空战增加了最大的亮点。

当日美双方飞机在空中较量时，美军几艘潜艇正在日本第一机动舰队附近游弋。由于日军第一机动舰队的大型航空母舰护卫力量薄弱，美军的潜艇"大青花鱼号""棘鳍号"钻到它们中间。

19 日 10 时，美军终于在雷达荧光屏上发现日军飞机从西南飞来，距离 270 千米。美军第五十八特混舰队司令米切尔命令甲板上待命的所有飞机起飞："战斗机拦截敌军飞机，轰炸机和鱼雷机向东规避到安全空域。"美军共有 250 架"恶妇"式战斗机起飞迎战。上升到 7600 米高度后，"恶妇"式战斗机由航空母舰上的空中控制官引导接敌，在距航空母舰 130 千米上空对日本飞机进行居高临下的攻击。结果，美军一举击落日军 25 架飞机，而美国方面仅损失 1 架。其余的日军飞机突破美国飞机拦截，攻击了美军战列舰编队，但只有"南达科他号"战列舰被命中一枚炸弹，导致 4 死 23 伤。在美国军舰密集的高射炮火射击下，又有 16 架日本飞机被击落。此战，日本损失 41 架飞机，仅 23 架飞机得以返回母舰。一位美国飞行员形象地说："日本飞机像树叶一样往下落。"

19 日 11 时，美军"棘鳍号"潜艇发现了日舰。艇长戈斯勒海军碰到的是"翔鹤号"大型航空母舰，相距 1100 米距离。"翔鹤号"久经海战，是参加过偷袭珍珠港而幸存到最后的 2 艘航空母舰之一，是日军现役中最大的 3 艘航空母舰之一，排水量 3 万吨。

美军"棘鳍号"潜艇向日舰"翔鹤号"发射了 6 枚鱼雷，3 枚命中目标。连续的爆炸造成"翔鹤号"遍体鳞伤，更为严重的是油舱破裂，婆罗洲原油的油烟和爆炸性瓦斯充斥全舰，险象环生。舰上官兵虽经奋力排险，仍然徒劳。熊熊烈火吞没了"翔鹤号"航空母舰，最后火势蔓延到弹药舱，一声巨响，舰体被炸得粉碎。

14 时 10 分，日军"翔鹤号"航空母舰沉没于北纬 12°、东经 137° 46 ′海域。美军"棘鳍号"潜艇艇长戈斯勒在报告中写道："当我升起潜望镜，在我眼前呈现了一幅难以令人置信的愉快画面。画面中央是一艘大型航空母舰，那就是'翔鹤号'航空母舰。在它的左前方有 2 艘巡洋舰，它的右舷正横 900 米处有一艘驱逐舰。我发射了 6 枚鱼雷，3 枚击中了'翔鹤号'……为航空母舰护航的一艘巡洋舰和一艘驱逐舰在 3 个小时内共向我艇投下 105 枚深水炸弹……幸好我的潜艇尚无严重损伤，只是超声波装置被毁，接收器进水，这些破损可以修复。两个半小时后，在目标方向听到 4 次猛烈的爆炸声。我判断，是一艘军舰沉没了。"

"翔鹤号"航空母舰是偷袭珍珠港的 6 艘主力舰之一，美军太平洋舰队司令尼米兹曾发誓要干掉这 6 艘血债累累的日本航空母舰。在中途岛海战中，美军击沉了 4 艘日军航母，"翔鹤号"和"瑞鹤号"侥幸逃脱。如今"翔鹤号"被"棘鳍号"潜艇击沉了，尼米兹终于长出了一口憋在胸中的恶气。

◎ 猎杀与反猎杀

15时20分，也就是日军第一机动舰队旗舰"大凤号"被击中后的6个多小时，甲板隆起，随着一声巨大的爆炸，舰体两侧裂开。日本人使用易于挥发的婆罗洲原油作燃料造成了恶果，挥发的油气燃成的大火凶猛异常，救护驱逐舰上的人员认为不可能救出幸存者。小泽治三郎发誓要与军舰共存亡，最后还是接受参谋人员的劝告，在"大凤号"即将沉没前于16时06分带着天皇像，上了救生艇，乘"若月号"驱逐舰转移到"羽黑号"巡洋舰上继续指挥作战。"大凤号"接着发生第二次爆炸，舰体裂成两半。

16时28分，日军第一机动舰队旗舰"大凤号"航空母舰沉没于北纬12°05'、东经138°12'海域，舰上官兵1650人同它一起葬身海底。就这样，日本海军最大、最新、最精锐的"大凤号"航空母舰第一次出海作战没有建立寸功便沉入了海底。

日军"大凤号"和"翔鹤号"两艘大型航空母舰这么快就被美军潜艇击

沉，对日军来说是个严重的打击，其意义仅次于日军第一机动舰队舰载机在交战中被消灭。给攻击美国舰队后返航的日本机群造成了很大困难，它们找不到可降落的飞行甲板。因旗舰"大凤号"被击沉，通信被破坏，小泽治三郎难以获得准确情报，指挥受到限制。

小泽转移到"羽黑号"巡洋舰上后，因情况不明而大伤脑筋。幸亏他早想好两种对策：若战果较大，则于6月20日拂晓进至马里亚纳岛链附近，发动再次攻击；若战果不大，暂时向西退避，待调整兵力并加油后再寻敌决战。然而，直到傍晚仍然不能判定战果，也弄不清手中还有多少兵力可用，更无法查明有多少架飞机抵达关岛着陆。此时，小泽沮丧到了极点，最后决定先脱离接触。于是，他率舰队北行，后又转向西北行进。

17时30分，美军飞机发现了日军的补给船队。部分飞机立即进行了攻击，结果击沉了日军"玄洋丸号"油船和"清洋丸号"油船，击伤了"速吸号"油船。其余飞机继续向西，很快又发现了日军舰队，随即展开攻击。

其实，小泽治三郎早在16时就发现美军航空母舰舰队在后面追击，而且自己位置已经暴露，肯定会遭到美军飞机的攻击，于是停止了海上加油，全速向西北撤退，并以部分水面舰只组织了一支断后编队，向东航行，担负掩护任务。随后，他将舰队残存的75架战斗机尽数派出，进行空中掩护，同时3个编队相互靠拢，缩小间距，以便集中发挥护航军舰的防空火力。

美军飞机抵达后，与空中的日军战斗机发生了空战。尽管日本飞机数量、性能以及飞行员素质都比美军差，又被击落40余架，仍然在拼死苦战，协同水面舰只的防空火力击落了20架美军飞机。美军飞机突破日军飞机空中拦截后，对日本舰队进行了猛烈攻击，最后击沉了"飞鹰号"航空母舰，击伤了"瑞鹤号"航空母舰、"隼鹰号"航空母舰和"千代田号"航空母舰、"榛名号"战列舰和"摩耶号"巡洋舰。

19日黄昏时分,美军第五十八特混舰队经过8个多小时的战斗,击退了日军飞机的4次袭击。美军第五舰队司令斯普鲁恩斯指示第五十八特混舰队司令米切尔:"如确切知道日军位置,望明晨对其发动攻击。如巡逻机今夜掌握所需之敌情,不搜索亦可,否则明天继续搜索,以掩护塞班方向。你部应西进至空战允许位置。"

米切尔遵照斯普鲁恩斯指示,除留下一个航空母舰特混大队继续封锁关岛和罗塔岛的日本航空基地外,亲率其余4个特混大队连夜向西南挺进,追击日本第一机动舰队。他考虑到飞行员已苦战一整天,相当疲劳,便没有在夜间派出飞机搜索。

自从中午接到"棘鳍号"潜艇艇长戈斯勒袭击"翔鹤号"航空母舰的报告后,米切尔再没有收到有关日军第一机动舰队的任何情报。米切尔把日军的位置判断错了,所以才向西南追击。

19日夜,小泽治三郎根据各航空战队报上来的数据,才知道第一机动舰队的舰载机只剩下102架(其中"零"式战斗机44架、战斗轰炸机17架、轰炸机11架、攻击机30架)。

这一天,美军塞班岛登陆战进入第二阶段。第二陆战师在西、第四陆战师在东,开始从查兰卡诺至马吉申内湾一线向北进军。这时,美军从海拔较低、地势较平缓的塞班岛南部向海拔逐渐升高的北部仰攻,通过丛林,直到最高峰塔波乔山。这里的地形由于火山活动时的挤压,地面多高山深沟,到处是珊瑚、石灰石岩洞。这种岩洞本身就是一种天然的防御工事,有的还用人工加以改造过，炮击、轰炸根本没有作用。所幸，日军的时间、人力、物力都不够充分，改造工作还没有完全做好。

塞班岛上的岩洞通常都可以设法绕过去，美军采取的正是这种战法。美军攻击部队不停顿地向前推进，让后续部队慢慢清剿那些死守在岩洞里面的残敌。清剿部队使用的武器主要是火焰喷射器和炸药。美军登陆后，日军第四十三师团师团长斋藤义次原指望第一机动舰队会来支援，但很快意识到根本指望不上，只能鼓励部队视死如归，抵抗到底，尽量多杀伤一些美军。他决定重新部署兵力，在西起加腊潘南端、中经塔波乔山南麓、东至马吉申内湾，建立一道防线，依托有利地形进行顽抗。

面对作战顽强的日军和复杂险恶的地形，美军进展缓慢，战斗十分激烈。幸好6月21日马里亚纳海战结束后，美军第五十八特混舰队获胜，解除了后顾之忧，得以集中航空和舰炮火力支援登陆部队，才使美军总体形势大为改观。

美军第二陆战师第二团位于最左翼，沿着塞班岛西海岸前进。自从这个团占领第一道攻击目标线后，一直未再前进，以等待东面的部队拉平战线。到6月24日，第二团才开始向加腊潘外围进攻，于7月3日占领加腊潘。第二陆战团右翼的第三陆战团也不急于向前推进，而只是在他们的正面作大范围巡逻。再右面是第八团（配属第二十九团第一营），正好面对着地形特别险恶的塔波乔山。在东面的第四陆战师以第二十三、第二十四团为第一线，第二十五团为预备队。马吉申内湾向内深深地凹入，使塞班岛的蜂腰部变得非常狭窄。该师顺利通过了这一地区。到6月22日黄昏，到达马吉申内湾北部，此处地幅突然放宽3千米以上。为应付这一情况，第二十七步兵师必须调上来担负中央地区的作战任务。

◎ 唯一的攻势

6月20日0时，小泽治三郎决定将司令部从"羽黑号"巡洋舰转移到"瑞鹤号"航空母舰上。小泽认为"羽黑号"通信设备不能满足舰队指挥的需要，加之自己仍然位于美军飞机的活动半径之外，估计美军至少遭到和日军舰队同样严重的损失，于是在20日下午下令"瑞鹤号"停车，以便补充燃油并进一步了解情况。就在这时，小泽收到一个令他吃惊的报告说美军航空母舰正大批地向西行驶，迅速接近他的阵地。小泽认为舰队位置已经暴露，美军航空母舰部队正在后面追击，很可能不久就会有飞机来袭，于是命令部队立即停止加油，向西北退避，以借助茫茫夜色的掩护。同时，以部分水面舰只组成一支游击部队，令其向东驶进截击美军。

20日上午，美军第五十八特混舰队司令米切尔所部一面搜索一面前进，但派出的飞机没有发现敌情。第五十八特混舰队的航速为23～24节，而日军第一机动舰队的航速仅为20节，如果追击方向正确，应该能明显缩小双方之间的距离。到了中午，美军仍然没有发现目标。米切尔推测可能是追击方向不对，于是改向西北追击。

15时40分，美军"企业号"航空母舰的一架侦察机发现了小泽治三郎的舰队——自海战开始30个小时以来，美军第五舰队终于首次发现一直躲藏在侦察距离外的日军舰队。然而形势进退两难，因为美日双方舰队距离509千米，第五十八特混舰队若想发动进攻则将使其舰载机面临危险的夜间降落。米切尔虽左右为难，但是战机稍纵即逝，他决定命令部队出击。

20日16时，美军一架侦察机报告：在第五十八特混舰队西北约400千米处发现日军第一机动舰队。这就是说，目标还在美军飞机有效作战半径之外（美军飞机有效作战半径在370千米之内）。更让米切尔为难的是：如果马上派飞机出击，此时天色已晚，返航时必在漆黑的夜幕中着舰，问题是不少飞行员还未进行过这种课目的训练；若等到天亮出击，又可能失去战机，让日军溜掉。米切尔爱兵如命，一向尽量避免飞行员执行冒险的空袭任务。经过反复权衡，他认为还是应该发动攻击，于是向上司斯普鲁恩斯报告了自己想法，同时果断地下达了"所有飞机准备出击"的命令。

16时21分，美军第五十八特混舰队第一支队、第二支队、第三支队派出216架飞机，启动了马里亚纳海战中第五舰队唯一的一次攻势。

16时25分，小泽治三郎所在的"瑞鹤号"航空母舰出动7架鱼雷机，前卫部队的栗田健男也因为收到夜战命令而向东航进。然而，美军飞机抢先赶到日本军舰上空，并展开攻击。被美军飞机发现后，小泽下令舰队向西北高速逃避，还抛弃了补给舰队。

16时30分，停在飞行甲板上的美军第一突击机群216架飞机（战斗机

85架、俯冲轰炸机77架、鱼雷机54架）全部升空。这些飞机是从"大黄蜂号""约克城号""邦克山号""黄蜂号""企业号""列克星敦号"6艘大型航空母舰和"贝劳伍德号""巴丹岛号""蒙特里号""卡伯特号""圣哈辛托号"5艘轻型航空母舰起飞的。战斗机和俯冲轰炸机都挂上了副油箱。起飞的美军飞机编成搜索队形迎着夕阳向西飞去。

美军航空母舰部队恢复向西航向，以最大航速驶向日军第一机动舰队方向，以便尽可能缩短返航飞机的飞行距离。然而，当216架飞机出发后不久，第五十八特混舰队司令米切尔就因情况突变而陷入了困境：侦察机飞行员第一次报告时搞错了日本舰队的位置。这位飞行员不久作了更正："日本舰队的位置为北纬14°30′、东经134°30′。"

这时，美国第五十八特混舰队位于北纬14°、东经139°的海域，实际上离日军第一机动舰队有520千米，比原来报告的远了110千米。侦察机第一次报告发现日本舰队的时间是16时。5分钟后，米切尔的旗舰"列克星敦号"航空母舰收到这份更正报告。然而，因当时该舰通信量太大，经报务员收录、翻译后，急急忙忙把这份电报送到米切尔手上时，时间已过16时20分，此时飞机已经开始起飞。

日军第一机动舰队正在向西航行，第五十八特混舰队为了让飞机起飞，不得不转而向东航行。这样一来，两者距离进一步拉大，美军的攻击机群实际上要飞出550多千米才能实施有效攻击。由于美军飞机有效作战半径不到370千米，加上空战，飞机所携油料只够单程飞行，而且返航时又是黑夜，不容易找到降落的航空母舰。米切尔接到日军第一机动舰队准确位置的报告后，曾考虑是否命令已出击的突击机群返航，但研究了海图后，决定不召回第1拨攻击飞机，但取消了第2拨突击机群的起飞。

20日18时，美军第五十八特混舰队第一突击机群飞在最前面的一个美军飞行员报告："正前方发现多艘日舰。"其实，不是日舰，因他过分紧张，把紧贴海面飘动的灰蒙蒙的零星云块看成了日舰。10分钟后，另一个飞行员产生了同样的错觉。

18时15分，美军发现海面上有大片油迹，这表明日本舰队曾在这里加过油。

18时23分，美军发现了几艘航速较低的日军油船，几架飞机立即前去攻击。日军油船"玄洋丸"被3颗近击弹炸成重伤，停车不能航行，由为其护航的驱逐舰"卯月号"以舰炮击沉。另一艘油船"清洋丸号"被炸起火，船员弃船，由驱逐舰"雪风号"用鱼雷将其击沉。另有一艘日本海军建制内的加油舰"速吸号"被炸伤，但仍可随队航行。

18时30分，继续向西北做扇形搜索的美军飞机终于发现了日本第一机动舰队。空中指挥官命令："先攻击航空母舰！"各机迅速进入攻击航向。轰炸机迎着夕阳的余光开始俯冲。攻击期间，反击的日本战斗机不多，但防空火力异常猛烈。日军"飞鹰号"轻型航空母舰遭美军轰炸机和鱼雷机协同攻击，被12枚鱼雷击中，机器停转，舰内爆炸，燃起大火，从舰艉开始下沉，于19时32分完全沉没。这是该次战斗中唯一被击沉的战斗舰只。

日军第一机动舰队的旗舰"瑞鹤号"大型航空母舰遭到美军多发直击弹和近击弹攻击，"隼鹰号"轻型航空母舰也被直击弹命中。这两艘航空母舰飞行甲板被炸毁，燃起熊熊大火。另有"千代田号"轻型航空母舰以及"榛名号"战列舰、"摩耶号"巡洋舰被炸伤，但还可以随队航行。

小泽治三郎在美军第1拨攻击飞机飞临上空前，命令剩下的70多架飞机全部升空。为了弥补掩护力量的不足，他命令各航空战队缩小间距，使护航舰只靠近航空母舰，以增强对空防御。在空中担任掩护的日军飞机虽然多被击落，但作战相当顽强。这次空战于19时结束。

18时40分，美军飞机抵达补给舰队上空，重创2艘油轮，这2艘油轮后来都被迫自沉。随后一心想寻找日军航空母舰的美军机群飞到其舰队上空，在日落前展开了匆忙的攻击。

日本"飞鹰号"中型航空母舰被一枚鱼雷击中，引发大火，2小时后沉没。"隼鹰号"航空母舰、"龙凤号"航空母舰、"千代田号"航空母舰、"瑞鹤号"航空母舰和"伊势号"战列舰、"摩耶号"重巡洋舰都被炸弹击伤。其中，"瑞鹤号"航空母舰伤势较重。在这次攻击中，日军又损失65架飞机，美军则损失20架飞机。由于小泽下令各舰自行运动及美军舰载机攻击过于匆忙，因此这攻击效果并不好。

◎ 就这样被打残

19时45分，天空乌云密布，海面上一片漆黑。完成攻击任务的美军飞机在夜色中顶着猛烈的东风返航。有几架轰炸机和鱼雷机的油量已经远远低于满载载油量的一半，个别飞机的油量指针已经接近于零。返航途中，那些受伤比较严重的飞机纷纷坠海。接着，那些油料耗尽的飞行员和飞机一同掉入海中。有的飞行分队通过无线电约定在燃油告罄时一同迫降，以免失散。然而，在黑夜中寻找和打捞这些幸免于难的飞行员的难度是可想而知的。后来大部分飞行员得到救助，有的爬上了救生舢舨，有的穿上了救生衣，但必须泡在水中等到天亮。根据以后的报告，掉在海里的飞行员77%得救。

美军第五十八特混舰队司令米切尔命令他的3个航空母舰特混大队拉大相互之间的距离，以便飞机着舰时能有更大的机动余地。

20日20时，美军第五十八特混舰队负责对空指挥的参谋报告：返航的第一批飞机即将临空。于是，第五十八特混舰队航空母舰部队转而向东顶风航行，以便收回空中的飞机。

为防备日机和潜艇的袭击，美国军舰不得不实行灯火管制。天空一片漆黑，返航的飞机开始在航空母舰上空盘旋，因看不清飞行甲板而不能降落。有几架飞机因汽油用尽，索性降落在附近海面。

此时的米切尔在旗舰"列克星敦号"航空母舰的指挥室里焦急地踱来踱去。舰长怀德赫尔姆走过来告诉他，由于天太黑，许多飞机无法着舰，建议解除舰队的灯火管制。不多时，从上空传来飞机隆隆的马达声，接着出现闪着白、绿、红三色灯光的飞机在空中盘旋。怀德赫尔姆舰长走出指挥室，留下沉思不语的米切尔。

米切尔一边默默地吸着烟，一边思前想后，权衡利弊。假如解除灯火管制，打开探照灯，就能让多数飞机降落在航空母舰上，就能救起在海上迫降的多数飞行员。然而，这同样会暴露舰队的位置，有可能遭到日军潜艇和航空兵的攻击。第五十八特混舰队的整个舰只造价近 10 亿美元，上面载着 10 万名官兵。米切尔清楚地知道，必须让飞机降落在航空母舰上，必须营救那些落水的飞行员。这不仅仅出于人道主义考虑，假如航空母舰丧失了舰载机，它就不再是一种武器，而是一个累赘。经过慎重思考后，米切尔果断地向参谋长阿利·白克海军上校下达了解除灯火管制的命令。随后，美军第五十八特混舰队所有航空母舰的航行灯、锚灯全部打开，飞行甲板清清楚楚地显示出来。各舰的探照灯也打开了，为给飞机导航，明亮的光束射向天空。担任警戒任务的军舰以 127 毫米火炮发射了一颗颗照明弹。另外，无线电台还向飞机发出了明码电令，通知飞机可在任何一艘航空母舰降落，不必寻找自己的军舰。

引导官前后左右挥动着荧光棒，引导第一批的几架飞机安全着舰。然而，陆续返航的飞机在灯光的指引下聚拢过来，都在进行着舰前的盘旋飞行，秩序一下乱了起来，引导官很难让它们依次着舰。飞机在舰队上空盘旋，急于找到可降落的飞行甲板。一名飞行员竟不顾米切尔旗舰"列克星敦号"发出的"等候着舰"的信号，强行着舰。结果，与刚刚降落的6架飞机相撞，致使2人丧生，6人受伤。另有2架飞机不顾信号，争先恐后向"邦克山号"航母降落，致使相互冲撞，造成2人死亡，4人受伤。在"企业号"航空母舰上，1架战斗机和1架轰炸机同时降落，却安然无事，战斗机尾部下方的着舰拦阻钩正好挂住第二拦阻索，轰炸机尾部下方的着舰拦阻钩正好挂住第五拦阻索。

20时46分，小泽治三郎接到联合舰队司令丰田副武的撤退命令，于是率领第一机动舰队向中城湾撤退。掩护第一机动舰队撤退的断后编队，因敌情不明夜战无望，小泽命其停止东进，向西北撤退。

22时32分，美军第五十八特混舰队盘旋在舰队上空的所有飞机着舰完毕。随后，特混舰队司令米切尔率舰队向刚刚交战过的海域方向驶去。20日夜晚到21日上午，美军以16节的航速沿着飞机返航的航线西进，以便寻找和营救掉在水里的飞行员。事后查明，美军6月20日的追击战出动飞机216架，损失飞机100架。其中战斗损失20架，仅仅因为在海上迫降或者着舰时发生碰撞就损失了80架飞机。这100架飞机上共有209人（包括100名飞行员，109名机组成员），其中49人丧生（16名飞行员，33名机组成员）。

与此同时，日军第一机动舰队司令小泽治三郎派出的游击部队，在机动舰队主力受到攻击前，由于敌情不明，夜战无望，已奉命停止东进，转向西北撤退。截至 20 日深夜，日军第一机动舰队只剩下 35 架舰载机，其他军舰剩下水上侦察机等 12 架，几乎完全丧失了战斗力。

6 月 21 日清晨，日军第一机动舰队司令小泽治三郎命令游击部队驶往菲律宾中部吉马拉斯岛，自己率主力驶向冲绳岛中城湾。

与此同时，美军第五十八特混舰队司令米切尔派出的"复仇者"式远程飞机报告，日本舰队已在 660 千米以外的海域以 20 节航速向西北方向驶去。21 日这一天，几架"恶妇"式战斗机都在上述海域搜索，以捕捉可能掉队的日本军舰，然而一无所获。日落后 1 小时，美军第五舰队司令斯普鲁恩斯下令停止追击，第五十八特混舰队开始向东返航。

6 月 22 日，日军第一机动舰队主力进入冲绳岛中城湾。同日，游击部队抵达菲律宾中部的吉马拉斯岛。

同一日，美军第二陆战师第六、第八团扫清了通往塞班岛塔波乔山的道路，占领一个叫提波佩里的高地。这个高地正好扼制着一个驻有日军重兵的山谷，切断了日军从这个山谷增援塔波乔山山顶的通路。在以后的两天里，第八陆战团拼命仰攻。

22 日 6 时，美军第五十二特混舰队和第五十八特混舰队的所有军舰、舰载机和 18 个地面炮兵营的火力一起向日军阵地实施火力攻击。在前所未有的炮火支援下，两个陆战师首先发起攻击。到傍晚，美军第二陆战师推进到塔波乔峰西侧山坡下，第四陆战师到达了马基奇思湾北岸，形成对塔波乔峰的夹击之势。

6 月 23 日，美军第二十七步兵师投入战斗，3 个师从西、南、东三面攻击塔波乔峰，但第二十七步兵师师长拉尔夫·史密斯担心部队在夜间行军迷失方向，所以 22 日夜间没及时出发。结果在 23 日拂晓发动总攻时，第二十七步兵师第一梯队的 3 个突击营无法按预定时间发起攻击，最早的一个营晚了 55 分钟，最晚的一个营足足晚了 2 小时 15 分，直接影响了总攻。

这一天，日军第一机动舰队除一部分驱逐舰外全部出航，回日本濑户内海。受伤的军舰到各指定地点修理，其余回柱岛锚地。补给部队于当日进入吉马拉斯港，装完油后驶回濑户内海。

日军大本营根据第一机动舰队的推断，公开发表的战果是：击沉或重创美军航空母舰 4 ～ 5 艘，战列舰或巡洋舰 1 艘，击落敌机 160 架。实际情况是，美国军舰一艘都没有沉没，只有 1 艘航空母舰、2 艘战列舰、1 艘巡洋舰受轻伤，损失舰载机 117 架。

马里亚纳海战是迄今为止世界历史上航空母舰之间的最大海战。这次海战中，日军第一机动舰队受到致命打击：被击沉航空母舰 3 艘（"大凤号""翔鹤号""飞鹰号"）、油船 2 艘；被击伤航空母舰 3 艘，战列舰、巡洋舰、油船各 1 艘；航空母舰舰载机损失 92%。

马里亚纳海战后，日本幸免于难的航空母舰虽说还有 6 艘，但大型航空母舰只剩下 1 艘（"瑞鹤号"），而且还受了伤，更严重的是损失的舰载机飞行员无法得到及时补充。显然，作为一支航空母舰部队，日本第一机动舰队已经完全丧失了作战能力。

服部卓四郎在所著的《大东亚战争全史》一书中说："由于需要大量熟练的教官和必要人员、耗费大量时间才能训练出来的舰载机飞行员受到如此大的削弱，日本舰队要想恢复成为一支现代化的强大的决战舰队，至少需要半年左右的时间。"

第七章　疯狂反击

山下的日本兵发疯似的大喊大叫，发动了一次又一次冲锋。山上的美国海军陆战队队员拿起望远镜观察着下面的一举一动，突然发现了一个奇特的现象：日军攻击队伍的后面，跟着一支令人难以置信的队伍。

◎ 陆、海军之争

马里亚纳海战的胜利，为美军在马里亚纳群岛登陆创造了有利条件。第五舰队司令斯普鲁恩斯认为日舰的威胁已经基本消除，于是指示米切尔和特纳分别以舰载机和舰炮火力支援正在进行的马里亚纳群岛登陆作战。

马里亚纳群岛主要的岛屿包括关岛、塞班岛、提尼安岛、罗塔岛、帕甘岛。其中，最南端的关岛最大，南北长 45 千米，东西宽 6.5 ～ 13 千米，面积 541 平方千米，在夏威夷与菲律宾之间的中太平洋上。不过，从守岛日军的实力来看，塞班岛最强，关岛第二。提尼安岛在塞班岛西南面，相距 4.5 千米，在塞班岛炮兵的射程内。罗塔岛在关岛东北 51.5 千米处；帕甘岛在塞班岛北面，距离约 277 千米。

美军作战的首要目标是攻占马里亚纳群岛南部的塞班岛、提尼安岛和关岛。其他岛屿虽然也驻有日军，也有机场等设施，但重要性较差，美军准备仅实施空中打击和封锁，不予占领。美军的部署是，由北部登陆编队攻占塞

172

班岛及其邻近的提尼安岛；由南部登陆编队攻占关岛。

美军塞班岛登陆作战在战术方面获得了极大的奇袭效果。尽管日军急于加强"绝对国防圈"，事实不可能同时增援所有岛屿，因此必须有一个优先次序。照日本人的判断，西南太平洋盟军司令麦克阿瑟在新几内亚岛北部海岸的进军速度，一定会超过中太平洋方面，所以他们把最西面的帕劳群岛列为第一重点，一切人员武器和建筑材料优先送往那里。

6 月 23 日，登陆塞班岛的美军第二十七步兵师进入指定地域，位于战线中央，向北推进。该师第一六五步兵团曾经参加过马金岛之战，第一〇六团参加过埃尼威托克环礁之战，但那两次的战斗时间相当短促，情况与塞班岛大不相同。更重要的是，陆军所接受的训练和海军陆战队的训练有许多地方截然不同，他们的指挥官战术思想也有很大的区别。

美国陆军所受训练的最大特点是注意保存实力，进攻时炮兵和空中力量先摧毁进攻路线上的主要障碍物，然后才是步兵进攻。至于耗费的时间，则不在他们考虑的范围内。这样稳扎稳打，推进速度难免要慢一些。与之相反，海军陆战队的战术思想始终强调时间是第一。实施两栖作战的时候首要的目的是要保证作战物资能够源源不断地输送到登陆滩头。突击上陆的速度必须大于敌军向滩头增援的速度，始终保持登陆地区的兵力优势。登陆部队必须连续不断地向前推进，保持滩头足够的纵深，否则滩头就不稳固，同时整个作战就不可靠，就可能被敌军重新赶下海。

战法方面，美国陆海军部队也有很大的差异，这也促使第二十七步兵师所在的中央部分进展变得迟缓。为了给日军施加越来越大的压力，海军陆战队总是在白天力图向前推进，直到天黑下来才停止，然后就地挖一条由散兵坑所构成的连续防线，不大顾忌缺少侧翼保护。美国的陆军部队则不然，他们在天还没全黑的一个多小时前就停止了攻击，然后开始构筑一连串互相支撑的据点，最理想的是全营的两个连并列在前面，每一个连都有一个完整的环形防御阵地，而第三个连则位于它们后方，正好挡在中间缺口。

由于美国陆海军在作战思想和战术上的差异，加之协调不够，一度造成了进攻线的畸形发展。当两个海军陆战师向前不断推进的时候，第二十七步兵师却落在后面，赶不上来。导致整个进攻正面呈现一个"U"字，两个海军陆战师的侧翼越来越暴露。第五两栖军军长霍兰·史密斯中将认为，第二十七步兵师的主要问题是缺乏进攻精神和领导不力，必须撤换师长。在新师长到来之前，史密斯准备由内定在塞班岛作战结束后担任守备司令的桑德福特·贾曼陆军少将临时指挥第二十七步兵师。

6月24日，霍兰·史密斯与特纳商谈第二十七步兵师的指挥问题。二人经过长时间的讨论，一起来到"印第安纳波利斯号"巡洋舰上，会见刚从马里亚纳海战归来的第五舰队司令斯普鲁恩斯。他们经过反复考虑，最后决定由第五舰队参谋长卡尔·穆尔上校给霍兰·史密斯写了一份备忘录："你有权下令撤销第二十七步兵师师长拉尔夫·史密斯少将的职务。"斯普鲁恩斯将军在备忘录上签了名。后来，乔治·格林纳陆军少将被任命为第二十七步兵师师长。

被撤职的拉尔夫·史密斯是陆军系统的，由海军系统撤职陆军将领在美军历史上还是头一次。特别是长期以来，太平洋战区陆军司令理查森中将对海军陆战队指挥陆军部队就心怀不满。早在马里亚纳群岛战役发起之前的作战计划会议上，理查森就对海军陆战队指挥陆军第二十七、第七十七步兵师提出过异议，只是因为尼米兹将军最后拍板，才无可奈何地忍让了。

　　这次的第二十七步兵师师长被撤职，无异于火上浇油，掀起一场轩然大波，陆军方面表示了强烈不满。后来，这件事一直闹到参谋长联席会议，成为轰动美国军界的大事件。陆军部为了减少摩擦，把拉尔夫·史密斯从太平洋战场调到欧洲战场；海军部也把霍兰·史密斯调到 1944 年 7 月新建立的太平洋舰队海军陆战队担任司令。这一调动，使霍兰·史密斯不再指挥陆军部队，也不会再直接指挥作战部队。

◎ 如此冲锋，令美军胆寒

6 月 25 日，美军迂回塔波乔山日军阵地后面，并占领了塔波乔山山顶，几乎把日军司令部一网打尽。日军在夜间发起猛烈的反攻，但仍被击退。两天后，美军才完全控制了塔波乔山。美军在塔波乔山建立了观察站，从此塞班岛南北两半边尽收眼底。

当美军第六、第八陆战团攻陷提波佩里高地的时候，第二陆战团已经到达加腊潘南面边缘上，他们在那里掘壕暂取守势，以待整个作战正面拉直。在最右翼，第四陆战师用了 3 天时间肃清了整个贾格曼半岛。到 27 日，美军已经在塞班岛中部从西海岸到东海岸建立一条稳固的战线，控制了塔波乔山及整个塞班岛南半部。

6 月 26 日，经过数天激战，美军第二陆战师、第四陆战师和第二十七步兵师终于攻下了塞班岛上的最高山峰——塔波乔峰。随后，美军向地形比较狭窄的北部地区继续猛攻。

夜间，被压缩在塞班岛东南部纳富丹角狭小地区的日军竟然突破了美军第二十七步兵师第一〇五团第二营的包围，猛烈袭击了美军早已使用的阿斯利特机场。此次日军反攻取得了非常好的效果，有完整的书面命令和指挥系统，并且还有一个悲壮凄凉的口号"1命换7命"。日本人拼命破坏美军的设备和装备，企图向北冲破美军防线，与主力部队会合，所以战斗异常激烈。次日上午，日军留下了500具尸体，一部分日军冲破封锁回到自己的防线，还有一小部分人逃进了山中。日军炸毁1架美军飞机，炸伤2架。以后的几天里，美军主要从事巩固阵地的工作。直到7月2日，美军才得以全线向前推进。到7月4日，日本守军大部被歼。残敌退到塞班岛北端，利用岩洞和地下工事疯狂抵抗。由于进攻正面变窄，所以第二陆战师脱离了战斗。他们原来负责的地区——塞班岛西部改由第二十七步兵师接管。日军第四十三师团师团长斋藤义次感觉大势已去，只求战死。

6月30日，面对美军越来越大的压力，日军第四十三师团师团长斋藤义次率余部退至塔纳帕格村的最后防线，负隅顽抗。

7月3日，美军第二陆战师占领塞班岛的加特潘角和木特乔，经过异常惨烈的战斗这两个地方已经成为一片废墟。

7月4日，美军第二十七步兵师攻占了塞班岛上福劳里斯角水上飞机基地，将残余日军压缩在东北角的狭小地域。至此，日军的最后防线被突破，守军大部被歼。

7月5日，斋藤义次向大本营发出了诀别电文："敌人的疯狂进攻仍在继续……在敌人猛烈的炮火下，我们的勇敢的将士一个接一个倒下。无论攻还是守，最后的结果都一样。就算死，也要死得轰轰烈烈。我们要利用这个机会充分展示日本军人的精神。我决定率部向美国人实施最后一次反击，埋骨塞班岛，以我们的身体构筑太平洋上的防波堤。"

斋藤义次正在酝酿一个巨大的集体自杀性反击。他对"最后一次反击"作了周密的布置，以便集中所有残余兵力。因为与所部各单位的通信早已中断，他只好靠传令兵传达命令了。他预计，至少要用3天时间才能把命令传达到各单位。命令内容：所有部队，包括一切可以行动的人员，于7月6日夜间在马孔肖村附近集结待命。

这些传令兵大多数选在夜间行动，仍然不断受到美军火力的打击。他们不可能在预定时间内把命令传达到所有部队，一些传令兵难免落入美军之手。美军事先早已知道，日本人正在组织一场大规模的袭击行动，于是所有人员处于临战戒备状态。不过美军猜不透日军会采取什么样的行动，以及在哪里采取行动。

7月6日8时，日军第四十三师团师团长斋藤义次发表了他的绝命书。这时，第四十三师团残余兵力正在向马孔肖村集中。他感到自己老迈无能，不能上阵杀敌，所以他的"绝命书"中虽然有"我要杀敌，大家跟我来！"实际上只具有象征性的激励士气的意义。他决定先于他的部下自杀，以此来为冲锋的官兵壮行。斋藤发表绝命书后，按照规定的仪式，走到山洞口，对着东京皇宫的方向盘膝坐下。有人把专门用来执行切腹大典的短刀送到他手里。他自己动手切腹的时候，两手发抖。血不断地从腹部流出来，为减轻他的痛苦，他的副官朝他右面的太阳穴开了一枪，帮他结束了性命。

同一时刻，日军太平洋中部方面舰队司令南云忠一也在他的司令部里用同样的方式自杀了。这时，距他率航空母舰偷袭珍珠港刚过两年半。中途岛海战以来，南云指挥的航空母舰舰队在作战上一再失利，大本营早已对他心存不满，最终将其贬到马里亚纳。如今，他连一艘巡洋舰都无权调动，更不用说航空母舰了。斋藤自杀还可以留下一纸"豪言壮语"（即绝命书），而南云连讲如此空话的资格也没有。

美军指挥官史密斯预见到日军会在最后失败前进行自杀式攻击，所以特意到第二十七步兵师师部叮嘱部属加强戒备，严防日本人自杀冲锋。然而，第二十七步兵师不以为意，缺乏必要的迎战准备，甚至在两个营接合部留下近300米宽的大空隙。

7月7日3时30分，塞班岛上的日军开始了集体自杀式反击。在第一三五步兵联队联队长松田大佐的率领下，岛上的残存3000多日军，疯狂地冲向美军阵地。日军先头部队从马孔肖村沿着西海岸的窄轨铁路向南进攻。他们冲过美军前哨，5时10分即冲向美军第二十七步兵师第一〇五团阵地。疯狂的日军突破了第一〇五步兵团前沿阵地后，仍然向前狂奔，没有什么能挡住这些疯子。美军炮兵立即向这些地区开炮，但因害怕误伤自己人，所以在敌我接触点并没有形成多大的战斗力。

7日拂晓，美军第二十七师第一〇五团第一、第二营被击溃。美军退守10块被分割的环形阵地，仓促抵抗。日军蜂拥而上，包围了这些地区，并发动了猛烈攻击。有些据点被日军攻破，有些仍在美军手中。一些美国兵被突如其来的日本兵吓破了胆，连滚带爬向山里逃命。靠近海边的美国兵大部被赶下海，他们或涉水或游泳，匆匆忙忙向暗礁外逃命，向海上的美军舰船连连呼救。日军的机枪子弹和迫击炮炮弹雨点般落在他们当中。

山下的日本兵发疯似的大喊大叫，发动了一次又一次冲锋。山上的美国海军陆战队队员拿起望远镜观察着下面的一举一动，突然发现了一个奇特的现象：日军攻击队伍的后面，跟着一支令人难以置信的队伍。那是一群由医院的跛子、瞎子等残废人员组成的队伍。有些人裹着绷带，有些人缺了手脚，有些人撑着拐杖，许多人互相搀扶着慢慢地移动着脚步。有的举着一把刺刀，有的握着一颗手榴弹，大部分人没有武器，他们只想战死沙场。美军后来发现，在日军医院中还有3000多名伤兵，因伤势实在太重无法行动，已事先被他们自己人杀掉了。

距美军第一〇五步兵团阵地只有900米远的第二陆战师第十陆战团（炮兵团）的两个连拼命向日军发射105毫米口径炮弹。日军不管不顾，继续向前冲。眼看就要冲到美军阵地前了，他们没有间断射击。美军炮兵们切短炮弹引信，让炮弹在140米、90米距离爆炸。如此一来，日本兵一片片倒下，然而活着的仍然不要命地向前冲。为防止火炮被日军缴获后掉转炮口打自己人，炮手们匆匆卸下炮闩，操起轻武器像步兵一样作战。

凶悍的日本人还是冲进了美军阵地。

危机时刻，美军第十陆战团的其他连士兵赶来支援。他们中间有炊事员、文书、司令部机关人员，手中拿着不同的武器，机枪、步枪、卡宾枪、自动步枪，一齐向杀红了眼的日本人开火。他们从死人堆上冲了过去，重新夺回炮兵阵地。美国人手中的大炮又开始怒吼了，一发发落在日本人头上。

至此，日军骇人听闻的集体自杀性攻击终于消耗殆尽，有组织地进攻变成分散地骚扰性袭击。美军开始肃清日军残部。前两天因为缩短战线正面，第六、第八陆战团被调到后方休整，充当预备队，现在作为生力军被调上来担任肃清残敌的任务。第一六五步兵团和第二十三陆战团开始从高地向西进攻。入夜时分，只剩下沿海地区的两股日军没有肃清。次日上午，日军残余全部被歼。

此次日军集体自杀性反击的惨烈程度远远超出一般人的想象。后来，美军花了几天时间才将漫山遍野的日军尸体清理、掩埋完毕。一个战地记者说，周围全是尸体，那些筋疲力尽的美国大兵就倒在发着臭味的尸体旁呼呼大睡。

◎ 美国人一反常态

7月8日，美军一面肃清日军集体自杀性反击部队的残余，一面向北扫荡。第四陆战师在向北推进时，只遇到了微弱的抵抗。这里的日本兵多是分散的小股部队，因为种种原因没有赶上集体自杀性反击行动，现在只能躲在岩洞里负隅顽抗。美军推进到马皮角附近，日军结束了塞班岛的抵抗。就在马皮角附近的断崖上出现了塞班岛作战期间的最后一幕悲剧。美国海军陆战队当时一清二楚地看到了这一幕，却无法阻止。

5000名塞班岛平民为了逃命，在日军的裹胁下躲在塞班岛北部的山地岩洞里。日军一再对他们宣传说，日本人应该以死效忠天皇，否则美国人也会杀死他们，而且使用种种残酷手段。当美军即将到来之际，他们感到末日来临，于是决定和日本士兵一起集体自杀，大部分人从马皮角断崖跳进下面的大海。没勇气跳的人就被旁边的士兵推下去。有的父母先动手杀死自己的孩子，然后自己跳崖。躲在洞窟中的一些人准备向美军投降，但大多被士兵阻止，恶狠狠地斥责其"不知羞耻"。

7月9日16时，美军宣布正式占领塞班岛。历经25天的激战告一段落，但这仅仅表明日军有组织的抵抗活动结束了。其实，岛上还有好几千名携带武器的日本兵。他们三五成群地躲在山地和岩洞里面向美军打冷枪。之后的几个星期里，美军继续清剿，平均每天打死100多个日本兵。一年后，当太平洋战争结束时，这里仍然有日本兵出现。此时，他们无衣无食，过着野人一样的生活。

塞班岛争夺战中，美国登陆部队伤亡惨重，3400余人阵亡，1.3万余人负伤；防守塞班岛的日军全军覆没，陆军2.6万余人、海军约1.5万人阵亡。平民死亡的数字无法估计，仅收容的平民总数就多达14735人。

塞班岛的失陷在日本国内引起巨大的震动。显而易见，美军B-29远程轰炸机将以塞班岛为基地轰炸日本本土。日军"阿号"作战（舰队决战）的真相虽被隐瞒起来，但塞班岛的失陷却是一个明显、直截了当的事实。日军大本营内外响起了强烈的夺回塞班岛的呼声。

日军大本营原认为，塞班岛的防务经营时间虽短，却尽了很大的努力，有4万多兵力驻守，应该能扛得住美军的进攻。当美军开始登陆时，还曾准备抽调驻中国东北的关东军前往增援。然而，由于"阿号"作战的失败，以及塞班岛出乎意料地过早失陷，使日军大本营特别是作战部门打消了企图夺回的念头。他们非常清楚，要夺回塞班岛必须有航空母舰和油轮，而这却无法很快做到。

日军大本营也考虑过，采取瓜岛作战中曾经使用过的"东京快车"（美军称"老鼠运输"）运输模式，在以硫磺岛为基地的航空兵掩护下，运送夺岛兵力，但海军航空兵业已丧失殆尽，而陆军航空兵中具有达到塞班岛行动能力的飞机又极少，眼下所需岸基航空兵同样无法筹措。总之，塞班岛周围的制空、制海权既已落入美军之手，再想夺回塞班或向岛上派遣陆军兵力，已是无能为力。

为此，日军大本营陆军部于 7 月 20 日命令航空总监编组并训练由侦察机、重型轰炸机组成的 3 个中队的远程攻击部队，海军部也采取了大致相同的措施。

日军失守塞班岛后，小笠原群岛在日军战略上的重要性提高了。这里原属驻塞班岛的第三十一军司令部指挥。由于第三十一军司令部已被美军消灭，于是，日军大本营在 6 月末将小笠原群岛的陆军部队改为大本营直辖，新设小笠原兵团的战斗编制（以第一〇九师团及两个步兵联队为骨干），并准备以后只要运输条件许可，就设法补充运输军队和军需品。

7 月 10 日和 11 日，美军第五两栖军侦察营在琼斯上尉指挥下利用船上的雷达指引，从停在提尼安岛岸边的一艘快速运输舰上换乘橡皮艇向陆地靠近。在距海岸三四百米时，溜入水中，游上海岸。他们对这种偷渡行动有丰富的经验和技巧，尽管碰到过一大群日本工人，距离相当近，能够看到日本人的行动，听到他们说话，还是出色地完成了使命。侦察兵中没有损失一人，也没有让日军知道他们曾经上岸。

美军侦察兵发现提尼安岛西北部有两个可作登陆场的小海滩，并将其称为"白一""白二"，但是特别狭窄。登陆滩头狭窄，不利于部队展开，一旦被敌军炮火封锁，后果不堪设想。北侧的"白一"只有 55 米长。南侧的"白二"虽然有 137 米长，但有珊瑚障碍，实际可利用的只有一半。这两个滩头地形十分险恶，到处是岩石，靠近内陆一边地势急剧上升。

美军侦察兵发现这两个小海滩上只有极少量的地雷，其他障碍物和工事也比较少，在附近地区没有发现日军活动的任何迹象。侦察组在报告中提出"可以一试"，而他们的报告也促成了两栖军军部指挥官的决心。斯普鲁恩斯与特纳、霍兰·史密斯、哈里·施米特、希尔等人经研究后认为，此案利大于弊，最大好处是可以达成行动的突然性，不利的是登陆点正面宽度不够，但可以采取适当措施克服。

斯普鲁恩斯决定从"白一"和"白二"海滩登陆。登陆时像进攻塞班岛那样，迂回翼侧再发动攻击，以迅猛的行动弥补登陆正面宽度的不足。

在整个太平洋战场上，即使是大于这两个登陆点总长的滩头，美军也从未投入过一个师的兵力。然而，这次却一反常态，斯普鲁恩斯决心投入5.4万兵力，这显然是出乎日本人所料的。其实，美国人早有预谋，在进攻塞班岛的同时，即分派一定数量的轰炸机和舰炮对提尼安岛进行了火力压制。为此，美军制订了详细的提尼安岛作战计划：

1. 第四陆战师乘运输登陆舰，先行登陆。

2. 第二陆战师2个团乘攻击型运输舰，在西南部提尼安湾方向发动佯攻，吸引日军兵力，然后根据情况撤至西北岸；在"白色滩头"登陆，与第四陆战师并行由北向南发动进攻；第二陆战师的1个团（第六团）暂时待命塞班岛，待运输登陆舰空出来后，再行接运。

3. 作为总预备队，第二十七步兵师留在塞班岛，根据战场形势的发展再决定使用方向。

4.第二陆战师、第二十七步兵师所属炮兵团的 105 毫米口径炮兵连调给军炮兵部队，在塞班岛上执行远程火力支援任务；两个师的所有山炮连加强给第四陆战师，以保证登陆突击部队能够在最短时间内获得足够强的直接火力支援。

◎ 先炸他一个月

7月15日，美国联合远征军南部登陆编队从埃尼威托克环礁出发驶向关岛。

关岛，南北长，东西窄，形状酷似一颗花生，中间最狭窄处只有6.4千米，而南部最宽处达12.8千米，北部最宽处也有11千米。耕地主要集中在南部，居民大多数也集中在这里。北部高原型台地上面覆盖着低矮稠密的丛林。

关岛与塞班岛非常相似，也是因火山作用形成的，四周环绕暗礁，地形险恶。内陆大部分是一个高原型台地，地表被侵蚀得支离破碎。这个高原型台地在北端陡然降入海底，形成壁立的崖岸。岛上最高的滕乔山，海拔335米以上。岛上所有有军事价值的目标几乎都集中在西部海岸的一小块地区内。关岛首府是阿加尼亚，位于蜂腰部，常住居民1.2万人（当时人口）。阿加尼亚南边不远是阿普拉港，这是一个极好的锚地，不过幅员较小。皮提海军造船厂也在这里。再往南是奥洛提半岛，这里有一个机场和美国海军陆战队曾经住过的营房，关岛最高的滕乔山位于这个半岛后面的内陆地区。日军主力位于阿加尼亚至奥洛提半岛的内陆高地。日军防线呈一个弧形，长度14～18千米。沿海岸线有良好的公路，从阿加尼亚到滕乔山还有一条平行的公路，这两条公路为日军机动提供了方便。岛上交通网发达，这样就给美军大规模的登陆作战带来很大难度。

美军联合远征军南部登陆编队海上航渡阶段由康诺利海军少将指挥，关岛地面作战则由第三两栖军军长盖格少将指挥。南部登陆编队有各种舰船265艘，地面作战部队除海军陆战队的第三两栖军（辖第三陆战师、暂编第一陆战旅、第九和第十二防御营）外，还包括战役总预备队陆军第七十七步兵师，共约5.5万人。第七十七步兵师于7月上旬分两批离开珍珠港，7月中旬抵达埃尼威托克环礁，与主力部队会合。

美军对关岛进行了充足的火力准备，吸取了塞班岛登陆作战的教训。美军塞班岛登陆战伤亡1.6万人，主要原因是火力准备不充分，在摧毁守军阵地方面未达到预期要求。对关岛的火力准备，早在一个多月前就已经开始，主要以舰载机进行轰炸，偶尔用舰炮进行轰击，岛上日本飞机全部被击毁，机场很难修复使用。由于登陆时间推迟，从6月21日至7月7日对关岛的轰炸和炮击有所减弱，但是没有断。从7月8日起，美军对关岛进行了持续13天的炮火准备，战列舰的406和355毫米口径大炮发射炮弹6258发；重巡洋舰、轻巡洋舰的203和152毫米口径大炮发射炮弹6292发；各种军舰（包括驱逐舰）的127毫米口径大炮，共发射炮弹162114发。如此长时间的轰炸和炮击，严重破坏了岛上日军的反登陆阵地和防护设施。

7月20日，美军第五舰队司令斯普鲁恩斯乘旗舰"印第安纳波利斯号"

重巡洋舰从塞班岛启航,亲赴关岛前线。

7月21日凌晨,康诺利率美军南部登陆编队进至关岛西海岸附近。登陆地域选在奥洛提半岛北面和南面两个海湾,从这里上岸便于夺取奥洛提半岛上的机场。南部登陆编队首先以6艘战列舰、3艘护航航空母舰、8艘巡洋舰和32艘驱逐舰对预定登陆地域进行直接火力准备。其间,美国人还试用了一种舰空协同攻击的新战术,即军舰、飞机在同一时间对同一目标实施协同攻击,规定舰炮的弹道高度不得高于366米,飞机的投弹高度不得低于457米,以防误伤自己。

美军计划同时在奥洛提半岛以北的阿珊滩头和以南的阿加特湾(日方称昭和湾)滩头两处登陆,二者相距8千米。登陆时间最终定为7月21日8时30分。

天亮后,美国海军陆战队第三陆战师在猛烈的舰炮火力支援下,在关岛首府阿加尼亚与阿普拉港之间的阿珊滩头登陆。这个滩头长约2290米。左翼是第三陆战团,中央是第二十一陆战团,右翼是第九陆战团。美军登陆部队在滩头上仅仅遇到日军轻微的抵抗,日军在这滩头的兵力不会超过1个大队,且大多数部署在滩头后面的山脊上。

然而,美军在向内陆推进时,受到了日军的顽强抵抗。滩头后面的高地居高临下,极其便于观察和火力控制。日军对于如此好的条件,却没能充分加以利用。根据日军炮兵的标准作战方式,它们不是以连为作战单位而是以每门炮为一个独立单位,各有独立的观测人员,分别向不同的目标射击。他们很少炮击海上的船只。滩头两侧的岩壁上,还有一些日本兵躲在岩洞和工事里,用机枪向美军扫射。美军必须把这些机枪巢穴肃清后,才能继续向内陆推进。

美军登陆部队左翼第三陆战团遇到了最险恶的地形和最强大的日军部队。与此同时，日军主力正从北面源源不断地开来。连续几天，美军第三陆战团进展极其缓慢，伤亡很大，在整个行动中总是拖在最后。

中央第二十一陆战团先头部队第一、第三营迅速向前推进，以极轻微的代价便在上午10时控制了第一道目标线阿珊村废墟后面的低矮高地。后续各营立即展开扫荡行动。第二营以第一道目标线为起点，采取"蛙跳"式进攻，开始向第二道目标线（一个位于内陆较远处的较高山脊）实施突击。这里的地形比较险恶，日军抵抗逐渐增强。天气炎热，美国大兵因在海船上停留时间过久，体力尚未完全恢复，导致战斗力大受影响。最后，他们虽然攻下了那个山头，可是马上被日军的炮火打得抬不起头来。日军的火炮和迫击炮位于仅仅45米以外的另一个高地的反斜面，同时那个高地上还有机枪和步枪阵地。因为暴露了两翼，第二营只得在那里苦苦支撑。

右翼第九陆战团推进比较顺利，该团的任务是：巩固滩头阵地，与其他各团一同向前推进，扩大滩头阵地的范围，并且使防线向右面扩展。

当美军第三陆战师在阿珊滩头苦战的时候，暂编第一陆战旅登陆的地点是奥洛提半岛南面的阿加特滩头。他们最后的目标是夺取奥洛提半岛上的机场。这是全岛最重要的军事地区之一，所以日军设防坚固。美国海军炮火对滩头正面的防御工事曾加以十分彻底的破坏，然而在两翼还有日军的坚固据点。奥洛提半岛的崖岸正面对着登陆部队的左翼。当美军第一攻击越过暗礁时，埋伏在那里的日军一连摧毁了美军20多辆两栖履带车辆。

在这次作战中，美军暂编第一陆战旅拥有强大的支援部队。除了本身有

2个山炮营、1个105毫米口径炮营外，还有2个军属炮兵营的支援。第七十七步兵师第三○五团临时配属给该旅。暂编第一陆战旅的作战计划是，第二十二陆战团在左面登陆，站稳脚跟后向北进攻，切断奥洛提半岛的颈部；第四陆战团从右面登陆，建立一道滩头防线，以防敌军增援部队从南面出现（美军估计南面日军兵力强大，实际上估计错了）；第七十七步兵师第三○五团跟在两个突击团后面，当陆战队攻入奥洛提半岛时，马上接管了滩头防线。第七十七步兵师其余部队暂时留在船上，充当预备队，后来也从暂编第一陆战旅的滩头上岸。

美军暂编第一陆战旅的突击部队按计划登陆，损失不大。第二十二、第四陆战团的滩头受到阿里芳山脉的控制。阿里芳山脉距海岸线约1800米，最高海拔高度275米。山上遍布岩洞，这是关岛地形的一个特点。山脊陡峭，谷地面向海岸。除阿里芳山脉外，多数地方是椰子园和草坪。左面第二十二陆战团面对的地形最为险恶。阿加特村恰好位于他们的侧翼。日军占据阿加特村，阻击美军前进。尽管遇到这些困难，到夜幕降临时，第二十二陆战团还是和第四陆战团取得了联系。右面的第四陆战团正在向内陆挺进，控制了阿里芳山脉前面的第一个山脊，最大纵深距离达到900米以上，所据守的战线约490米。

美军的坦克和炮兵顺利登陆，并以最快的速度投入战斗。暂编第一陆战旅和第三陆战师遇到的情况不同，日军反应迅速而激烈。

21日黄昏，美军关岛登陆部队第三陆战师所部第九陆战团和第二十一陆战团取得了联系，控制了阿珊角，并且把侧翼推进到通往卡布拉斯岛的栈道上。

◎ 关岛，在苦战中呻吟

天黑不久，日军从阿里芳山脉的岩洞里钻出来，一边大喊大叫，一边开枪射击。这是日军惯用的战法，目的是让美军暴露自己的阵地位置。然而，这一招不管用，因为对手是久经沙场的老兵。随后，日军对美军防线的某些部分，实施短促突击，结果以失败告终。日军只得对美军第四陆战团左、中、右三个方向发动大规模的反击。

第四陆战团的左面，即该团与第二十二陆战团的接合部，有一条公路从内陆绕着阿里芳山脉通向阿加特村。日军沿着这条公路进攻，在 6 辆坦克和卡车牵引的火炮后面跟着大量步兵。一名美军陆战队士兵用火箭筒炸毁了一辆领头的坦克，迫使另外两辆坦克停止前进，其余坦克疯狂开炮。美军两辆坦克偷偷绕到它们后面，把其摧毁，进而扫荡日本步兵。日本步兵开始向阿里芳山脉逃窜。

靠近第四陆战团防线中央的位置，日军也曾发动大举反攻。日本兵沿着阿里芳山脉的一条干水沟向下冲，喝得醉醺醺的，狂喊着"万岁！"一个日本军官手里挥舞着一面战旗。战旗绑在一根竹竿上，竹竿尖上绑着一把刺刀。美军用勃朗宁自动步枪和其他轻武器打倒一大片日军，日军最终还是突破了一个狭窄的正面。日本兵身上挂满了炸药，包括圆盘形的战防地雷。

在照明弹的照耀下，日美士兵展开了白热化的肉搏战。日军突破美军防线后，马上冲向距海滩 360 多米处的山炮阵地。炮兵拿起卡宾枪、手榴弹和汤姆枪横扫涌上来的日本兵。美军海军舰队的巨炮也对着日军集中的地区开炮。这样，日军就没有力量扩大突破的战果，被冲开的缺口迅速封闭。

美军第四陆战团右面，日军的反击一时造成严重威胁。这里是 40 号高地，距滩头约 270 米，美军在这里只有很少的防守兵力。日军一个冲锋便能占领山头，然后居高临下向滩头开火。美军两个班迅速赶到阵地，与原有守军的残余人员合在一起。经过一番残酷的战斗，美国人重新夺回了 40 号高地。

7 月 22 日拂晓，美军暂编第一陆战旅第四陆战团在 40 号高地发现了410 多具日军尸体。

与此同时，第二十二陆战团也未能完全幸免。虽然来攻的日军大都被击退，但仍有相当数量的日军一度渗进他们的后方。第二十二陆战团发现在团部附近仅 45 米外的一个山头上，爬上来 3 个日本军官和 60 多个日本兵。第二十二陆战团赶紧从侦察部队中抽出 25 人，组成一支战斗队，将其全部消灭，自己伤了 6 个人。

22 日 4 时 45 分，日军在整个战线的反击被美军暂编第一陆战旅击退。9时，美军的登陆部队开始向前推进。第四陆战团逐个扫荡日军的洞窟式防御工事，黄昏时分终于到达了阿里芳山顶。夜间，日军再次发动反击，不过没有撼动美军阵地。

22日上午，美军关岛登陆部队第三陆战师所部第九陆战团和第二十一陆战团控制了卡布拉斯岛和皮提海军造船厂。美国坦克越过暗礁很快就上了岸。坦克在某些地区中显得很有用，尤其是在左翼第三陆战团方面，对阿地鲁普角的占领是一个很重要的因素。不过在其他地区，因为紧靠滩头是松软的稻田，坦克容易陷进烂泥里。美军坦克通过稻田后，马上又遇到丛林密布、地形崎岖的高地，使得坦克的战斗力在好几天内受到相当的制约。

这时，美军的炮兵开始上岸，并发挥重要的作用。美军的山炮用两栖履带车辆运载，105毫米火炮由有特殊起卸装置的水陆两用车运载。开山机很早就上了岸，开始构筑炮兵阵地。

午后，美军第十二陆战团（炮兵团）的第一连开始对步兵进行火力支援。夜幕来临前，军属重炮兵的一部分开始投入战斗。

然而，直到天黑，美军登陆部队仍然对整个战况没有多大把握。滩头阵地虽然已经建好，但只有右翼第九陆战团方面还算令人满意，敌情也不太严重。中央第二十一陆战团的情况虽不怎么严重，却有隐患。他们一线的两个营之间有一个缺口，与第三陆战团之间有一个将近140米长的大缺口。左翼第三陆战团形势严峻，仍被日军火力压制在滩头，而且面对着易守难攻的笳尼托的险恶绝壁。更为严重的是，除了前线各团的预备营外，没有预备队。前线部队经过一天的酷热和苦战后，早已疲惫不堪，有的部队因伤亡大而战斗力锐减。

关岛日军对阿珊滩头的反击效果意想不到的微弱。美军预料，在登陆的第一夜，日军的渗透不可避免。果然在黑暗的掩护下，日军向美军战线上的几个地区实施渗透，但规模较小。美军凭借连续发射的照明弹很早就发现了日军的行动，因此有充分的时间从容应付。加上美国海军不断地对日军阵地进行扰乱性炮击，用炮兵火力封闭了第三陆战团与第二十一陆战团之间的那个危险缺口。日军一次次的渗透都失败了。

美军一直以为，在登陆的第一个晚上，日军肯定会发动一次强大的反击，试图破坏甚至夺回登陆场。然而，美国人担心的事情并没有发生，在之后的头三天夜里也没有发生。夜袭是日军的拿手好戏。登陆部队在建立滩头阵地阶段是最脆弱的，塞班岛的夜袭就搞得美军手忙脚乱，付出了很大代价。然而在关岛，日军为什么不搞夜袭呢？关岛的日本守军是不是因为美军连续实施的空袭、轰炸、炮击和进攻，导致兵力损失极大，已经没有力量组织像样的反击了呢？这个问题一直困扰着美军。

美国海军战舰

自登陆以来，美军第三陆战师一直陷于苦战中。当美国海军陆战队司令霍兰·史密斯来视察的时候，他承认："这是我有生以来见到过的最险恶的地形。"第三陆战团尽管伤亡惨重，仍在苦苦支撑，一次又一次地向笳尼托绝壁发起仰攻。第二十一陆战团向高地推进时要越过连绵的山脊，但每翻过一个山头，进入丛林厚密的谷地时，就发现在下一个山头的反斜面，日军集中部署着大量的火炮和迫击炮。第九陆战团进展最快，轻松占领了卡布拉斯岛和皮提海军造船厂，次日把这里的防务移交给第十四防御营。

　　7月22日这一天，美军首次出动P-47战斗攻击机使用凝固汽油弹攻击提尼安岛。美军第三陆战师师长屠纳吉向军部要求调用预备队，以补充战斗减员，维持越来越长的战线。军部决定保留所有预备队用来支援暂编第一陆战旅在南面的作战。于是，第三陆战师只好独立支撑，自己解决。该师组织滩头人员、工兵、工程人员以及其他一切可以调用的人力，趁着夜色增援兵力薄弱的地方。尽管艰难无比，但是他们仍然保持着主动进攻的热情。

第八章　关岛再无战事

　　惊心动魄的排炮突然在日军头上倾泻而下。一位美军尉官借着照明弹的光亮，看到日军士兵被炸断的手和脚像雪片一样飞舞。日军四处乱窜，他们发出恐怖的尖叫，一直到死为止。

◎ 没有遇到什么抵抗

7 月 23 日，美军联合远征军北部登陆编队的舰炮火力支援群及配置在塞班岛西南部的炮兵将提尼安岛划分为 5 个区域，进一步实施火力准备。重点对提尼安湾内的提尼安镇实施猛烈炮击，给日本守军造成以为美军将从这里登陆的错觉。该岛西北部所受炮击比较轻微，以此来麻痹日军。同时，美军还从航空母舰、护航航空母舰和塞班岛机场派出大量飞机，与舰炮、岸炮密切配合，实施全面火力准备。

23 日夜，进攻提尼安岛的美国登陆部队在塞班岛的几个滩头登船待发。

这一天，美军暂编第一陆战旅占领了整个阿里芳山脉顶峰，其右翼沿着高地向南发展。美军既已占领阿里芳山脉，滩头阵地从此就有了安全保障。预备队第七十七步兵师这一天开始接管第四陆战团的防务。

临时配属给暂编第一陆战旅的第七十七步兵师第三〇五团于 7 月 22 日上午开赴前线，接管第二十二陆战团防线。当第二十二陆战团向奥洛提半岛进攻时，第三〇五团担任掩护侧翼和后方的任务，该团迅速切断了奥洛提半岛与内陆之间的交通线，有效地阻止了日军向该方向的机动。后来，第三〇五团归还第七十七步兵师建制。第七十七步兵师也向内陆推进，占领了包括滕乔山在内的制高点，并且和北面的第三陆战师取得了联系。

美军暂编第一陆战旅第二十二陆战团越过低地向前推进，其目标是控制阿加特村－阿加尼亚公路。当他们快接近公路时遇到了麻烦。这让他们在两天之中几乎寸步难行。这条公路正好穿过奥洛提半岛底部。日军在公路上布满地雷，并且用迫击炮、火炮和战防炮精确地封锁着这条公路。公路两边是土质松软的稻田，坦克根本无法通过。日军抵抗非常顽强，战斗极其惨烈。日本人在夜间不断进行反击，不过都被美军的火炮和海军舰炮击溃。这次美军第二十二陆战团向前推进过程中，始终不曾被日军突破其防线，还要感谢照明弹。照明弹使美军在夜间及时观察、发现和跟踪日军，及时准确地召唤火力。

7 月 24 日，美国联合远征军北部登陆编队发起提尼安岛登陆战役。提尼安岛位于塞班岛西南约 4.5 千米处。日军在岛上建有机场。美军占领后，略加改进就可以供 B-29 远程轰炸机起降，直接轰炸日本本土。

提尼安岛上的日军，其素质和装备均比塞班岛上的优越。防守提尼安岛的日军总共 8000 多人。陆军为第五十步兵联队、第一三五联队第一大队和 1 个坦克中队，共 4000 余人；海军为第五十六警备队，第八十二、第八十三防空队，第一航空舰队空勤、地勤和机关人员，共 4100 余人。第五十步兵联队于 1944 年 3 月刚从中国东北调来，训练良好，装备较强。日本海军人员大部分集中在北部的乌西大型机场、中西部的格尔关角的新建小型机场。提尼安岛的所有日本陆海军人员隶属第一航空舰队司令官角田觉治指挥。

角田觉治是岛上唯一的将官，理所当然应该由他负责指挥全局。然而，他是一个嗜酒如命、难以相处的怪人。第五十步兵联队联队长绪方敬志大佐是关东军出身，是个优秀的步兵军官，他不愿和角田觉治打交道。虽然角田觉治军衔高，但绪方敬志握有实权，一切命令都由他签署发布。日本海军人员的指挥则由第五十六警备队队长扇天大佐负责。角田觉治这位海军中将是名义上的提尼安岛总指挥，其实他谁也指挥不动，只好和他极少数亲信终日喝酒。

24日清晨，美军第二陆战师的两个团驶抵提尼安湾和阿西加湾，实施佯动登陆作战，而后驶向真正的登陆地域——提尼安岛西北部。第二陆战师的两个团发动佯动作战时，30多艘坦克登陆舰将海军陆战队第四师大部及其履带登陆车运送到"白色滩头"附近。

7时46分，美军第四陆战师开始在"白色滩头"登陆。第二十四陆战团以营纵队在北面的"白一"滩头登陆。第二十五陆战团则以两个营平行在较大的"白二"滩头登陆，以一个营为预备队。第二十三陆战团担任师预备队，于11时左右开始登陆。

美军登陆没有遇到什么大的抵抗。"白二"滩头有两个日军据点，由50多名日本兵把守。美军迅速扫清了这两个据点和地雷等障碍物，继续向内陆推进，以迅速脱离这个危险而狭窄的滩头。陆战队向内陆推进后，负责载运补给物资的两栖履带车迅速抢滩，一直驶往指定的储存物资地区，减少了在滩头的暴露时间。

8时20分，美军3个营登上提尼安岛。两个小时后，美军的推土机上岸，迅速拓宽了滩头，改善了滩头狭窄的不利局面。11 时 30 分，第一批 M-4 坦克上岸。13 时 15 分，75 毫米榴弹炮被运到岛上，随即在预定位置就位，以炮火支援登陆部队推进。

24 日 17 时 30 分，美军在到达第一道目标线前便决定不再向前推进，下令部队抓紧时间巩固占领的阵地，准备迎击日军的反扑。鉴于此，在登陆提尼安岛的第一夜中，美军各部队没有暴露侧翼，不仅从容挖掘了工事，还设置了铁丝网。夜幕降临时，4 个山炮连进入阵地，做好了发射准备。大多数坦克已经上岸，第二陆战师第八团第一营也上了岸。到 24 日日终，已有 1.5 万美军上岸。

美军第四陆战师在登陆过程中损失很小，阵亡 15 人，负伤 150 人。至此，美军在提尼安岛滩头地区站稳了脚跟。这个地区的海岸线大约 3660 米，向内陆推进的最大纵深约为 1830 米。

深夜，岛上的日本炮兵开始反击，兵力至少有 2 个炮兵中队。美军山炮连立即还击，并按一定的时间间隔发射照明弹，以便及时发现日军的反击行动。

这一天，美军暂编第一陆战旅第二十二陆战团先头部队攻占阿普拉港，完全切断了内陆与整个奥洛提半岛的联系。之后，美军即从内陆一边向半岛推进。被包围在奥洛提半岛的日军决心突围，他们在美军战线左面的一个丛林沼泽地边缘开始集结兵力。

◎ 末日"总攻击"

7月25日0时左右，日军官兵发出刺耳的吼声，从沼泽地蜂拥而出，冲向开阔地。军官挥舞着军刀和战旗，士兵拿着各种武器。紧要关头，美军借助照明弹将日军的行动看得一清二楚，用野战电话机呼叫远程火力。惊心动魄的排炮突然在日军头上倾泻而下。一位美军尉官借着照明弹的光亮，看到日军士兵被炸断的手和脚像雪片一样飞舞。日军四处乱窜，他们发出恐怖的尖叫，一直到死为止。侥幸生还的，只得逃回原来的沼泽地，但是仍然难逃厄运。到凌晨2时，美军对着这个沼泽地一共发射了2.6万颗炮弹。

日军在美军战线右侧的第二次攻击中，一部分士兵冲进了美军阵地，但是经过残酷的肉搏战后，被美军全歼。最后的一次攻击被美军用猛烈的交叉火力压了下去。

25日1时，日军步兵约2000人开始发起反击，激战一直持续到天亮。天亮后，日军的攻击完全停止。此时，美军阵地前留下了200具日军尸体。

日军最早的反击来自南面。美军后来从获得的情报中得知，日军在这一次的反击作战中投入了第五十步兵联队的大部主力，其中有第一大队全部、第二大队的两个中队及一个工兵中队。他们沿着提尼安镇的公路向北攻击前进。6辆坦克在前面开道，步兵紧随其后。

美军在日军坦克驶到距前沿360多米的地方开火，击毁5辆，一辆逃走。日军步兵部队没有因为坦克被击毁而停止进攻，不久就和美军第二十三陆战团一部激战在一起，而且有1个中队的兵力从第二十三、第二十五陆战团之间突破了美军防线，几乎一直插到炮兵阵地的前沿附近。美军炮兵向疯狂反扑的日军猛烈开火。美军第八陆战团赶来增援。与此同时，日军第一三五步兵联队第一大队在美军第四陆战师防线的中部地区向第二十五陆战团发动了多次自杀性冲锋。日军的这个大队最后被全歼。

日本海军第五十六警备队等部队从乌西机场出发，猛攻美军左翼。有一队日军成纵队前进，遭到美军第二十四陆战团37毫米口径火炮的猛烈轰击，无一生还。还有一股日军防空部队居然把高射机枪拆卸下来当步兵机枪使用，不过没能发挥太大威力。到天亮时，日军第五十六警备队遭到了第一三五步兵联队第一大队同样的命运。

日军此次反击，无论从筹划还是从实施上看，都是日军在提尼安岛作战中最好的，结果仍然以失败告终，日军共战死1400人。

同一天，美军把105毫米口径榴弹炮转移到提尼安岛，作战威力大大增加。日军通信系统完全被破坏，残余的日军只能做轻微抵抗。在以后的7天中，虽然还有少数日军发动了自杀式攻击，不过多数撤退到了海边。日军两个机场、12个坚固设防的据点和提尼安镇都落入美国海军陆战队手中。

美军步步为营向前推进。美军不知道日军已经元气大伤，早已不堪一击。他们认为日军第五十步兵联队部分主力部队没有参加第一次反击，所以小心翼翼地准备着与这些部队交手。

美军第二陆战师的其余部队在 7 月 25、26 日分别上岸。该师正式以整师兵力参战，其作战地区在提尼安岛东半部。第二陆战师以两个团并列向前推进，顺利占领了乌西机场，抵达东海岸。随后，第二、第四陆战师开始并列向南推进。

美军向提尼安岛南部推进极为顺利。第二、第四两个陆战师齐头并进，彼此保持着良好的联系。一旦遇到抵抗，立即消灭。美军多虑了，他们并没有遇到太多的抵抗，有时走上好几个小时，都听不见一声枪响。提尼安岛地形开阔，交通状况良好，坦克行动便利，只有极少数坦克被地雷炸坏。美军利用车辆运输，部队补给充足。

美军第三陆战师第九陆战团的巡逻队在奥洛提半岛的底部与从奥洛提半岛以南阿加特滩头登陆的暂编第一陆战旅取得了联系。第九陆战团第二营原是右翼的预备队，第三陆战师师长屠纳吉少将让其接替了左翼疲惫不堪的第三陆战团第一营。第一营改为师预备队。第三陆战团得到生力军增援后，终于占领了俯瞰滩头的高地，开始越过阿加尼亚－滕乔山公路向前推进，这使美军坦克得以通过这条最主要的交通线，向更远的据点进攻。

7 月 26 日，屠纳吉少将担心的事情还是发生了，就在第三陆战师苦战的时候，遭到了日军最大规模的一次反击。战后，人们对日军这次反击的评说大相径庭，有人说"是日军在太平洋战争中最出色的一次"，也有人说"是最差劲的一次"。这次大规模的反击行动，日本人称之为"总攻击"。

"总攻击"是由第二十九师团师团长高品彪和第三十一军司令官小畑英良共同拍板的。此时二人心态复杂。美军 6 月 15 日登陆塞班岛，7 月 7 日岛上 4 万多守军全军覆没。美军 7 月 21 日登陆关岛，当天第二十九师团主力步兵第三十八联队即溃不成军。海军机动舰队垮了，空中支援没有了。如今大兵压境，再这样耗下去，失败是毋庸置疑的，而且败得很没有面子。反正都是失败，反正都是死，不如死得轰轰烈烈。高品彪和小畑英良就是在这种心态下令全线出击的。

日军的反击行动从前一天晚上 9 时就开始了。天黑后，美军发现日军不断发射照明弹（后来才明白那是为日军集结提供照明的）。午夜一过，日军的火炮和迫击炮弹便开始轰击左翼第三陆战团的阵地。美军判断，日军可能要向第三陆战团发动大规模反攻，于是立即把坦克调到最前线，准备迎击日军的进攻。

26 日凌晨 1 时，日军在第二十一陆战团第二营右面发动了一次猛烈反击，反击很快被美军击退。日军丢下 15 具尸体，仓皇逃走。但是，该营左面的一块前方掩护地区被日军占领。该营用迫击炮不断向那里的日军射击。此前，第九陆战团负责的防区一直平静无事，而这次也受到了攻击，一个排的正面受到的攻击尤为猛烈，这个排不得不向后撤退至有利地段。

这时，美军第三陆战师司令部接到报告，知道日军发动了全线攻击。还接到报告说，日军的攻击来势汹汹，但似乎兵力有限，没有什么后劲。这种在夜间寻找敌人弱点、进行骚扰的战斗是日军的传统战法，不算什么大事。不过，对此时正处于困难状态下的第三陆战师就很难说了。

这个时候的第三陆战师消耗很大，缺少生力军补充，整个战线过长（已经延长到 5.5 千米以上)，战区地形险恶。各个部队之间都有间隙，同时每个部队都感到兵力不够分配。日军利用这些缺口不断进行渗透，有不少人已经进入美军防线的后方。

26 日 4 时，关岛日军主力分别向美军第三陆战师和第二十一陆战团第一营防区发动了猛攻。进攻第一营防区的日军分成若干小组，在军官的指挥下发起了一次又一次猛攻。尽管他们每次冲上来的时候，都遭到美军强大火力的还击，损失很大，攻势仍然不减。他们终于突破了美军第二十一陆战团第一营的防线。进攻第三陆战师的日军在第二十一陆战团第三营与第九陆战团第一营的接合部撕开了一个缺口。日军在这里几乎没有遭到抵抗，一直等到日军占领了第九团第三营后方地区的一个滩头准备攻击该营营部时，美军方知已经有大股日军进入后方。该营匆忙把炊事兵、文书等非战斗人员组成一个小分队，阻止日军前进；又派遣一个临时拼凑的敢死队绕到山顶，向日军投掷手榴弹，打乱了日军阵脚。

有一队日军背着炸药包，沿着山谷向海边攻击，企图冲进美军运输和物资的集散地。因为那里是美军的重点守护地区，他们企图炸毁美军物资和装备的预定目的最终并没成功。天发亮的时候，这股日军又一头窜到美军第三陆战师的野战医院附近，搞得美国人手忙脚乱。万分紧急的时刻，医院里凡是能走动的轻伤兵都参加了战斗，他们穿着病号服甚至内衣，顺手抓起身边的手榴弹、卡宾枪以及一切可用的武器，跳起来投入战斗。重伤员们不能动就趴在地上从野战帐篷里向日军开火，混战中这些伤员居然打死了 16 个日本兵。此时，第三陆战师的绝大多数人员都在战斗，已经分不清哪里是后方哪里是前线。

4时20分，美军第三陆战师工兵营投入战斗。1小时后，补给部队和师部直属营也投入战斗。同时，美军强大的炮兵集中火力向日军集中的地区猛轰，并打垮了日军的增援部队。在战线中央部的第二十一陆战团第一营集合残部发动了一次决定性的反击，终于堵上了缺口。令美军没有想到的是，渗透到美军防线后方的日军总数竟超过了美军防线前面的日军兵力。要不是渗透的两大股日军互不通气、组织协调不力，要不是各个渗透部队各自为战，乱打乱闯，后果不堪设想。

天亮后，渗透的残余日军被美军火力压得动弹不得，军心大乱，很快就被歼灭。一些日本兵逃入山地，钻进岩洞，几天后未能逃脱被擒命运。那股向野战医院进攻的日军，被美军的两个工兵连消灭。

此次大规模反击战中，日军战死3000人，整个关岛的日军已成强弩之末。美军第三陆战师熬过了最艰苦的阶段。

◎ 没有希望的抵抗

26 日上午，美军第三陆战师继续向关岛纵深推进。只有左面的第三陆战团遭到一次有组织的抵抗，其他部队的任务只是肃清潜伏在岩洞和工事中的残敌而已。面对美军的猛烈攻势，日本兵拼命抵抗，战至最后。

7 月 27 日，美军联合远征军南部登陆编队所属七十七师攻占了关岛的制高点滕乔山，第二十二陆战团在猛烈的炮火掩护下攻击了可以俯瞰机场的一个高地。日军在美军炮火下实在支撑不下去了，没等美军发起冲击就放弃了高地。

7 月 28 日，美军暂编第一陆战旅第二十二陆战团重新占领奥洛提半岛上昔日美国海军陆战队的老营房格关角。

7 月 29 日，美军暂编第一陆战旅第四陆战团攻占了奥洛提半岛机场，第二十二陆战团肃清了素梅地区的日军。

29 日 15 时，美国国旗在奥洛提半岛上的海军陆战队老营房废墟上徐徐升起。美军正式宣布占领奥洛提半岛。奥洛提半岛作战结束时，暂编第一陆战旅战死 279 人，伤 1525 人，失踪 152 人。在这个丛林密布的珊瑚礁半岛上，美军一共埋葬了 3372 具日军尸体。

当海军陆战队在奥洛提半岛苦战的时候，第七十七步兵师从阿加特滩头不断向内陆方向推进。沿途仅仅遭到了日军的一些轻微抵抗，当第七十七步兵师攻占险恶的滕乔山时，几乎没有什么日军抵抗。当第七十七步兵师的左翼与第三陆战师的右翼会合后，关岛上的阿加特、阿珊连接为一个巨大的滩头阵地。

7 月 29 日和 30 日，美军第三陆战师与第七十七步兵师暂时休息两天，调整战线，并连续派出巡逻队，深入到 1800 多米的距离，侦察前方的敌情。巡逻队只碰到一些零散日军部队和散兵游勇。那些日本兵单独或是几个人在一起出没于丛林。关岛战役接近尾声的时候，美军遇到的日本兵都是这样，这不过是第一次而已。日军通信网完全被破坏，所以许多小部队与上级断绝了联系。

关岛日本守军方面，独立混成第四十八旅团旅团长重松少将于 26 日、第二十九师团师团长高品彪中将于 28 日先后阵亡，第三十一军司令官小畑英良中将指挥部队继续抵抗。小畑命令守军大部向关岛北部撤退，仅派两支小部队在后面掩护，以迟滞美军行动。美军对此并不知情。

美军关岛登陆战役第一阶段（夺取滩头阵地阶段）结束后，必须作出重要的选择。7 月底，美军第三两栖军占领的位置大致位于关岛的中部，他们还不知道日军主力到底在哪个方向。因兵力和装备都不够，美军无法同时向南北两个方向进军。美军把日军的作战特点、传统战法和现有的各种资料加以分析后，决定选择北面的方向。

美军第三两栖军军长盖格少将计划以岛的南北中央线为基准，第三陆战师在西、第七十七步兵师在东平行向北推进；暂编第一陆战旅留在占领区清剿残敌，保护后方安全，防止日军发动反击，并向关岛南部大范围巡逻。

7月30日，美军占领提尼安城。至此，美军已经控制了提尼安岛五分之四的地区，日军被压缩在岛的南部，仍在拼死顽抗。

7月31日6时30分，美军第三陆战师的3个团平行向关岛北部推进。11时，第三陆战团左翼在毫无抵抗的情况下占领关岛首府阿加尼亚，不过在通往屠曼湾的海岸公路上遇到了地雷阵。第三陆战师的其他部队因为经过的地形比较险恶，进展比较迟缓，直到黄昏时分才控制了横贯全岛的阿加尼亚－配哥角公路。该师右翼第九陆战团和第七十七步兵师始终保持着联系。

这一天，美军第四陆战师占领了提尼安岛的提尼安镇。当天夜里，美军即建立了一条防线，以监视提尼安岛东南部高地，那里地势逐渐升高，丛林遍地，岩洞密布，地形险恶。

8月1日2时，日军第五十步兵联队残部向美军第四陆战师发动了一次异常猛烈的自杀式攻击，其猛烈程度为几天来少有。日军第五十步兵联队拼凑起来的兵力仅有1个连，外加最后剩下的3辆坦克。结果自然是以惨败而告终，第五十步兵联队联队长绪方敬志大佐在战斗中死去。

当天，美军正式宣布占领整个提尼安岛。该岛后来成为美军最大的空军基地之一，专供轰炸日本本土之用。在9天（7月24日至8月1日）的战斗中，被掩埋的日军尸体达5000余具，俘虏日军252人。残余日军或隐蔽于密林之中，或乘舟艇撤往其他岛屿。到太平洋战争结束时，还有61人跑出来投降。美军在提尼安岛战斗中，阵亡389人，负伤1816人。

8月2日，美军攻占了提延机场。

8月3日，美军第七十七步兵师攻占了巴里加达村。村里的水井解决了美军缺乏淡水的问题。

8月4日，美军第七十七步兵师夺取了一个日军坚固的防御阵地，歼敌346人。

8月6日，美军第七十七步兵师进抵圣罗萨山下，被日军炮火所阻。美军立即召唤舰炮支援，很快压制了日军炮火。

8月7日，美军暂编第一陆战旅在完成清剿残敌任务后，进抵第三陆战师左翼，进而开始向北进攻。

8月8日，美军第七十七步兵师攻占了圣罗萨山，第一陆战旅则进抵里提迪安角。

8月9日，美军第七十七步兵师的先头部队到达帕提角。

8月10日下午，美军把关岛日军的残余部队从北端的高岩上逼到下面的海滩，并将其全部歼灭。至此，关岛上的日军有组织的抵抗宣告结束。

同一天，日军第三十一军司令官小畑英良通过无线电向东京报告："守住关岛已经无望，明天我将同敌人进行最后一战。"次日，小畑英良剖腹自杀。

8月12日，美军攻下日军据守的最后一个阵地，然而清剿残敌的战斗一直持续到太平洋战争结束，直到1945年9月还有100多名日军从深山中出来投降。最后一名士兵直到1972年才投降。

关岛作战中，日军战死18560人。美军战死1919人（陆军405人），负伤7122人（陆军1744人），失踪70人（陆军51人）。事后证明，美军将进攻关岛的时间推迟一个多月是明智的，利用这段时间增强了进攻兵力，加强了舰炮和航空火力准备，登陆部队的伤亡比进攻塞班岛减少二分之一。

马里亚纳群岛战役是日美双方在太平洋上的大决战，也是历史上规模最大的航空母舰大战。此次大海战，日军水面军舰虽然侥幸逃脱了被全歼的命运，但损失了3艘航空母舰，其中两艘还是3万吨的大型航空母舰。沉重的打击使日军投入作战的岸基航空兵几乎损失殆尽，舰载航空兵损失超过92%。这些飞机和飞行员的损失，在短时期内是无法补充的。

经此一战，日本海军的核心力量遭到了毁灭性的打击，中太平洋上的制海权和制空权彻底落入美国人之手。从此，日本联合舰队失去了远洋作战的空中支援，导致日军在以后的战争中更加被动和困难。